Julius Findeisen

Eine Jugendsünde

Schwank in drei Aufzügen

Julius Findeisen

Eine Jugendsünde
Schwank in drei Aufzügen

ISBN/EAN: 9783743424227

Hergestellt in Europa, USA, Kanada, Australien, Japan

Cover: Foto ©ninafisch / pixelio.de

Manufactured and distributed by brebook publishing software (www.brebook.com)

Julius Findeisen

Eine Jugendsünde

Eine Jugendsünde.

Schwank in drei Aufzügen

von

Julius Findeisen.

Den Bühnen gegenüber Manuscript.

(Alle Rechte vorbehalten.)

Wien, 1876.
Verlag der Wallishausser'schen Buchhandlung
(Josef Klemm).

Personen.

	Besetzung im k. k. Hofburgtheater.
Wagner, Großhändler, 51 Jahre	Hr. Förster.
Emma, dessen Frau, 45 Jahre	Fr. Kupfer.
Eleonora, deren Schwiegertochter, Witwe, 21 Jahre	Fr. Wilbrandt.
Wasserberg, Wagner's Verwandte, 48 Jahre	Fr. Negro.
Rosa, deren Tochter, 22 Jahre	Fr. Mitterwurzer.
Kalkstein, Professor, Wagner's Freund, 50 Jahre	Hr. Meixner.
Brandes, Kaufmannssohn aus Riga, 24 Jahre	Hr. Hartmann.
Eigner, Comptoirist bei Wagner, 23 Jahre	Hr. Wiene.
Martin, 21 Jahre } Diener bei	Hr. Schöne.
Friedrich, 28 Jahre } Wagner	Hr. Bayer.

Ort: Wagner's Haus in einer deutschen Großstadt.
Zeit: Die Gegenwart.
NB. Rechts und links vom Schauspieler.

Zum erstenmale aufgeführt am k. k. Hofburgtheater zu Wien, den 11. Januar 1876.

Erster Act.

Speisezimmer bei Wagner.

Erste Scene.

Wagner, Emma und Eleonora (zu seiner Rechten), Frau Wasserberg und Rosa (zu seiner Linken), sitzen am Tisch, auf welchem die Reste des Desserts und einige leere und volle Flaschen nebst Gläsern stehen.

Wagner (der sich eben einschenkt). Aber Rosa, Du trinkst ja gar nicht? Ist Dir der Rauenthaler zu stark?

Rosa. Das nicht Onkel! Aber zum Trinken, wie zu Allem, muß man doch eine Veranlassung haben, und die erste der Veranlassungen, der Durst, fehlt mir ebenso wie jede andere.

Wagner. So soll Dir ein Toast eine solche geben. (Das Glas hebend.) Auf Deinen baldigen Brautstand!

Wasserberg (ihr Glas ergreifend). Da trink' ich auch mit, Brautstand und Ehestand, das ist Musik für die Ohren einer Mutter!

Rosa (lachend anstoßend). Ja aber wirkliche Zukunftsmusik, die schwer aufzuführen sein wird!

Emma. Das könnte doch nur an Deiner Stimmung liegen.

Wagner. Rosa, soll ich mir einen Pelz verdienen? Ich hätte ein Plänchen in der Richtung!

Rosa. Nun, damit es kein geheimer Plan wird, so lassen Sie uns das jüngste Kind Ihrer Phantasie kennen lernen.

Wagner. Ich werde es Dir unter vier Augen präsentiren.

Eleonora. Dagegen protestire ich Papa! Das wäre grausam gegen uns, Pläne in dieser Richtung darf man nicht verschweigen.

Wasserberg. Versteht sich! So eine wichtige Sache! Das wäre ja unverzeihlich!

Emma. Das sage ich auch! Unsere Neugierde so reizen und dann den Geheimnißkrämer spielen wollen, das geht nicht Robert!

Wagner. Potz Tausend! Ich habe vergessen, daß ich lauter Frauenzimmer als Zuhörer habe. Ja, da muß ich schon etwas mehr zum Besten geben! Also, Rosa! Ich kenne einen vortrefflichen, jungen und hübschen Mann, dem ich Dich wohl gönnen würde.

Rosa. Was hat Ihnen denn der Unglückliche gethan, Onkel?

Wagner. O, viel Tüchtiges und Anerkennens=
werthes!
Die Damen. Sein Name?
Wagner. Ja, das geht nicht so schnell! (Er
schenkt sich sehr langsam ein.) Eh' ich meinen Plan so
ganz rücksichtslos preisgebe, muß ich mich bei einem
Glase Wein noch einmal bedenken.
Wasserberg. Keine Bosheiten Vetter! Sie sehen
unsere Ungeduld!
Eleonora und Emma. Wir kennen ihn doch?
Wagner. Hätte nicht geglaubt so allgemeines
Interesse zu erregen!
Eleonora. Eine Heirath in Californien würde
uns interessiren, wie vielmehr wenn sie uns so
nahe angeht!
Wagner (lächelnd sein Glas gegen das Licht haltend).
Ich muß mich aber doch bedenken! —
Emma. Das hättest Du früher thun sollen,
bevor Du unsere Neugierde wecktest! Jetzt ersuche
ich Dich dringend, rede!
Wagner. Aha! Das Eisenköpfchen kommt zum
Vorschein. Na, da muß ich schon nachgeben. Also,
mein Protégé ist — mein erster Comptoirist, Herr
Adolf Eigner! —
Wasserberg. Ah! —
Emma mit Rosa (zugleich). Der?! —
Rosa. Wird mit dem artigsten, aber entschie=
denſten Proteſt zurückgeſchickt!

Wasserberg. Nun sehe ein Mensch das Mädchen an!

Wagner. Uebereilter Protest! Vorschnelle Sendung. Der Eigner ist jung und hübsch, ein seltener Charakter, hochgebildet, im Besitze eines schönen Vermögens, mit einem Worte eine treffliche Partie!

Emma. Ja bist Du denn durch Veranlassung von seiner Seite auf diesen Plan gekommen?

Wagner. O, keineswegs! Er denkt vielleicht noch gar nicht d'ran!

Rosa. So stören Sie ja seine Unbefangenheit nicht, Onkel, denn das ist kein Mann für mich!

Wagner. Aber zum Wetter, warum denn nicht?

Emma. Nun, wenn sie fühlt, daß sie keine Neigung zu ihm haben kann!

Wasserberg. Ah, paperlapapp! Das findet sich bei so einem Prachtmenschen.

Eleonora. Nein, liebe Tante, da muß ich der Rosa recht geben, so etwas läßt sich ebenso wenig erzwingen, als verhindern.

Wagner. So laßt Euch doch nicht zum Besten haben von der Schelmin, die spricht ja nur im Scherz so!

Rosa. Nein, Onkel! Ich spreche wahrhaftig im vollsten Ernste! Alle Achtung vor Ihrem Empfohlenen, aber wenn es sich um eine Heirat handelt, so hat Herr Eigner für mich einen Fehler, der durch alle seine glänzenden Eigenschaften nicht vermindert wird!

Wasserberg. Den kann man ihm abgewöhnen!
Rosa (lachend). Schwerlich, Mama!
Wasserberg. Jeden Fehler kann man einem Mann abgewöhnen.
Wagner. Und was ist das für ein Fehler?
Rosa (zögernd). Ihr lacht mich aus!
Emma und Eleonora. Nein, gewiß nicht!
Wagner. Also?
Rosa. Er ist mir zu gescheidt!
Wagner (lachend). Ja, den Fehler wird er sich schwerlich abgewöhnen lassen.
Wasserberg. Na, Du bist's wirklich nicht, wenn Du das für einen Fehler hältst.
Emma. Ja, wie man's nimmt!
Eleonora. Wenn's der Rosa eben so erscheint!
Wagner. Jetzt glaube ich erst recht, daß Du uns foppst! Du schwärmst ja sonst für gescheidte Männer!
Rosa. Zum Umgang? Ja! Obwohl auch da das Wort schwärmen eine Uebertreibung ist, aber zum Heiraten? O, nie! Mich in ewigen Wettkampf einlassen, mit einem Manne, der glaubt mich zu übersehen, oder was noch schlimmer, mich gar wirklich übersieht, oder gar ohne Kampf mich freiwillig unterordnen, mein Selbst mit eigener Kraft unterdrücken oder gar verlieren? Nein, diesem Schicksal will ich ausweichen! Es ist genug, wenn in einer Ehe ein Theil genügenden Verstand

besitzt. Thee und Rum ist labend und stärkend, zweimal Rum ohne Thee, erschlafft und tödtet! Nennt mich meinetwegen arrogant! Aber ich traue mir genug Begabung zu, meinen Mann in unserem beiderseitigen Interesse besser zu leiten, als es irgend einer zu Stande brächte und wenn die Frau nicht nur Verstand, sondern auch Herz hat, so wird ein Mann es nie bereuen, wenn er dem Rathe seines Weibes, selbst etwas zu gläubig beistimmt. Der Mann soll mein Schild und mein Schwert sein, aber ich will's regieren zu Schutz und Trutz. Der Mann von Verstand meint stets, die Redensart: „Er soll Dein Herr sein!" wäre ernstlich gemeint, und ist er nicht eifersüchtig auf die Frau, so ist er es auf die Herrschaft, und Eifersucht ist stets eine Qual für Beide. Darum, meine Herrschaften, will die Rosa keinen Mann, dessen geistige Fähigkeiten an die ihren hinaufreichen! Und deßhalb, Onkel! war's ein geheimer Plan und Sie sind auf den Rückzug angewiesen. So, die Rede war lang, jetzt Onkel habe ich Veranlassung ein Glas zu leeren, schenken Sie ein! (Hält ihm das Glas hin.)

  Wagner (schenkt ein). Es klingt nach etwas, aber es ist doch Unsinn! Und im vorliegenden Falle nicht passend!

  Emma (lächelnd Wagner die Hand hinhaltend). Aber es ist doch ein großes Korn Wahrheit darin, nicht wahr, Robert!

Wagner (gibt ihr die Hand). Hm! Mag sein! Aber Deine Randglosse war jedenfalls noch unpassender! (Alle lachen.)

Eleonora. So hätte also Herr Eigner, bei Dir gar keine Hoffnung?

Rosa. Nein, wahrhaftig nicht! Nicht die geringste!

Wasserberg. Mir steht der Verstand still!

Wagner. Jetzt habe ich als Nebengeschäft ein Heiratsbureau errichten wollen, aber mein erster Versuch schreckt mich ab.

Wasserberg. O, es ist noch nicht Alles verloren! Warte nur Rosa, bis ich mir Alles zurechtgelegt habe; ich will Dir dann schon Deine Schein-Philosophie zu Nichte machen, das soll mir gar nicht fehlen!

Emma. In Einem hat sie gewiß Unrecht, denn eine kluge Frau, kann auch einen Mann von Verstand beherrschen!

Wagner. Dabei bewährt sich nur das Sprichwort: „Der Klügste gibt nach!"

Martin. (Durch die Mittelthür.) Herr Eigner läßt fragen, ob ihn der Herr Wagner schon befehlen?

Wagner. Lupus in fabula!

Emma (steht auf, Alle folgen). Die Geschäfte beginnen, da flieht das schwache Geschlecht! Kommt Kinder, der Kaffee ist servirt! (Zu Wagner:) Wenn Du kannst, komm hinüber auf eine Tasse! (Bietet ihm die Wange zum Kuß).

Wagner (sie küssend). Ich komme! — Du schwaches Geschlecht! (Die Damen links ab.) Ich lasse Herrn Eigner bitten! (Er setzt sich links vorn an den Tisch.) Der wird Augen machen!

Martin (öffnet die Mittelthüre und geht hinter Eigner ab).

Zweite Scene.
Wagner, Eigner.

Eigner. Sie haben befohlen?
Wagner. Gibt's Neues?
Eigner. Der Schluß mit Lebermann liegt zur Unterschrift auf Ihrem Tisch.
Wagner. Haben Sie's durchgesetzt?
Eigner. Wohl hart, aber es ist gegangen. Seine Unterschrift finden Sie schon!
Wagner. Schön, schön! Ich danke Ihnen! Nehmen Sie einen Augenblick Platz, ich möchte etwas mit Ihnen besprechen!
Eigner (rückt sich den vordersten Stuhl rechts am Tische zurecht und setzt sich). Ich stehe zu Befehl! (Martin tritt durch die Mitte ein.)
Wagner (zu Martin). Das Abräumen hat Zeit! Jetzt bin ich nicht zu sprechen! (Martin ab.) (Zu Eigner:) Trinken Sie ein Glas Wein! — (Schenkt ein.) und hören sie mich ruhig an!
Eigner (das Glas nehmend). Ich bin so frei. Auf Ihr Wohl!

Wagner. Ich danke! (Trinkt.) Lieber Eigner! Ich habe Ihnen schon manchen Beweis meines Vertrauens gegeben, aber noch nie von solcher Bedeutung, wie meine jetzige Mittheilung haben wird!

Eigner. Ich hoffe, Herr Wagner —

Wagner. Ich weiß, daß ich dabei kein Wagender bin! Sie haben sich in den drei Jahren, die Sie in meinem Hause sind, bewährt wie selten Einer und ich brauche im vorliegenden Falle durchaus eines Vertrauten, zu dem ich nun Sie erkoren habe!

Eigner. Außerordentlich schmeichelhaft!

Wagner. In der nächsten Zeit, ich dürfte es sogar heute noch erwarten, wird ein junger Mann in mein Haus eintreten, den ich Ihnen besonders empfehlen muß. (Trinkt.) Dieser junge Mann ist mein Sohn!

Eigner. Wie, Sie haben einen Sohn?

Wagner. Scht! — Um's Himmels Willen! den stärksten Dämpfer aufsetzen, wenn Sie so ein Wort aussprechen. Die Wände haben Ohren!

Eigner. Ah, ich verstehe!

Wagner. Das ist mir lieb! Aber damit Sie ganz verstehen, so hören Sie! — Mein Vater, Gott hab' ihn selig, war von mir keinen Widerspruch gewohnt und ich war darnach erzogen keinen Widerspruch zu wagen. So wurde ich denn mit vierundzwanzig Jahren einer jungen Dame vorgestellt, welche mir zur Gattin bestimmt war und den darauf folgenden Sonntag, als dem einzigen Tage, an welchem man zu solchen Dingen Zeit fand, bot die feierliche Verlobung Gelegenheit, die beiderseitigen Verwandten an reichbesetzter Tafel zu versammeln und ich war Bräutigam in schönster Form.

Eigner. Wozu ich Ihnen noch nachträglich gratuliren kann!

Wagner. Danke und nehme die Gratulation mit Freuden an! Meine Frau ist eine Perle! Ich würde sagen ein Engel, wenn mir nicht dabei der Engel mit dem Flammenschwerte einfallen könnte, denn sie ist bei aller Herzensgüte etwas streng und hat mich auf die liebenswürdigste Art unter ihr Pantöffelchen gebracht.

Eigner. Aber ein reizendes Pantöffelchen!

Wagner. Zugegeben! Bleibt aber doch Pantoffel, trotz welchem ich aber ein viel glücklicherer Ehemann bin, als man je von dem jungen indifferenten Bräutigam hätte erwarten sollen, denn hätte uns das Schicksal nicht unser einziges Kind geraubt, so könnte ich mit Recht sagen, daß meine Ehe nicht eine trübe Stunde hatte — bis heute! —

Eigner. Ich bedauere diese schmerzliche Erinnerung!

Wagner. Die Zeit heilt jede Wunde, vernarbt sie zum mindesten und wir haben wenigstens den Trost, daß wir mit Stolz an seinen Tod, wie an sein Leben denken dürfen! Der Himmel hat es bei seiner edelsten That abgerufen, es ging bei der Rettung eines Menschenlebens zu Grunde! Aber, lassen wir das! — Acht Tage nach meiner Verlobung befahl mir mein Vater eine Reise nach Riga, wo ich einen bedeutenden Verlust verhindern sollte. Dort lernte ich eine junge, alleinstehende Erbin aus gutem Hause kennen, wir wurden vertraut — was soll ich Ihnen weiter sagen! — Meine Geschäfte waren beendet, ich reiste nach Hause und versprach mindestens einen Brief in jeder Woche zu senden. Aber mit der Rückkehr unter die Botmäßigkeit meines Vaters, fing ich schnell an anders zu fühlen und zu denken. Die guten Eigenschaften meiner Braut übten ihren Einfluß auf mich und als mein Vater den Hochzeitstag ansetzte, folgte ich willig und wäre ganz glücklich gewesen, wenn ich ein Gefühl der Reue und Beschämung hätte loswerden können.

Eigner. Wußte die Dame, daß Sie verlobt waren?

Wagner. Nein! Und ich kann wohl zu meiner Rechtfertigung sagen, daß ich es damals selbst kaum wußte!

Eigner. Aber Ihre Verheiratung haben Sie ihr mitgetheilt?

Wagner. Nein! Aber mein Freund, der Professor Kalkstein, der — damals noch flotter Bursche — mich

nach Riga begleitete und später allein dort zurück=
blieb, hat es ihr entdeckt.

Eigner. Und wie hat sie die Entdeckung auf=
genommen?

Wagner. Wie er mir sagt, sehr resignirt! Er
hat also zwei Frauen betrogen! hat sie gesagt.
Nun so gehört also mein Kind nur mir, und er
wird kinderlos sterben. Durch diese Mittheilung
meines Freundes erfuhr ich erst die Folgen meiner
Jugendsünde! Was sollte ich, der nun verheiratete
Mann thun? — Ich schrieb ihr einen Brief voll
Reue und Bitten, den ich dem Professor zur Ueber=
gabe sandte, erhielt denselben aber uneröffnet zurück
mit der Nachricht, sie sei plötzlich abgereist! Wie
wir später erfuhren, nach Boston!

Eigner. Sie war reich, wie Sie sagten?

Wagner. Reich und unabhängig! Ohne meinen
Auftrag hat sich mein Freund bemüht ihren Auf=
enthalt zu erfahren und sie fortwährend im Auge
behalten, während ich Jahre gebraucht habe, um
meiner Frau wieder offen und ohne Furcht in's
Auge zu sehen. Ein Jahr nach dem Tode meines
Max, theilte mir Kalkstein mit, daß die Dame
gestorben sei und ihrem Sohne, einem prächtigen
Burschen, ihr Vermögen hinterlassen habe.

Eigner. Und diesen Sohn erwarten Sie?

Wagner. Kalkstein suchte mich für die Idee zu
gewinnen, den jungen Mann in mein Haus zu

nehmen und wenn ich ihn meiner würdig fände, ihn zu adoptiren!

Eigner. Also weiß er nicht, daß er Ihr Sohn ist?

Wagner. Kalkstein versichert, daß er keine Ahnung davon habe!

Eigner. Und Ihre Frau Gemahlin?

Wagner. Um Gotteswillen, treiben Sie mir nicht Schweißtropfen auf die Stirne! Die hat natürlich auch keine Ahnung.

Eigner. Aber sie wird doch erfahren müssen?

Wagner. Jetzt hören Sie wozu ich Ihre Hilfe in Anspruch nehme. Mein Freund holt den jungen Mann, der nach Riga, dem Geburtsorte seiner Mutter, zurückgekehrt ist, hieher. In seinem letzten Briefe schreibt er mir, daß der junge Mann bereits instruirt sei, daß er unter angenommenem Namen in mein Haus treten werde, und ich bitte Sie nun, sich seiner anzunehmen, nach Möglichkeit zu verhindern, daß er vielleicht in schlechte Gesellschaft gerathe, und nach Kräften dahin zu wirken, daß er sich die Liebe meiner Frau erwerbe.

Eigner. Dazu bin ich gern bereit, denn ich hoffe in dem jungen Mann einen würdigen Freund zu finden.

Wagner. Hat er sich das Wohlwollen meiner Frau erworben, so wird sich das Gewitter sehr mildern, das sich unausbleiblich über meinem Haupte entladen wird.

Eigner. Dürfte sich wohl nur in einen sanften Regen auflösen.

Wagner. O, Donner und Blitz werden nicht ausbleiben! Na, mea culpa! Ich hoffe von meinem Plane auch nur, daß das Unwetter vorübergehend ist und mir doch die drückende Schwüle von der Brust nimmt!

Eigner. Entworfen ist der Plan wirklich gut!

Wagner. Das Verdienst meines Freundes Kalkstein! Nun muß ich Ihnen aber noch, damit ich gleich Alles sage, einen Nebenplan oder vielmehr einen Wunsch von mir vertrauen. Es wäre mir nämlich ein Schritt zum Glück für meine alten Tage, wenn der junge Mann und meine Schwiegertochter Wohlgefallen an einander fänden und sich heirateten.

Eigner. Ihre Frau Schwiegertochter? —

Wagner. Freilich! Sehen Sie, dann käme mein Vermögen ungetheilt an die beiden Leute die mir am nächsten stehen und ich hätte wohl noch die Freude einen Enkel zu küssen.

Eigner. Und billigt Ihre Frau Tochter das Project?

Wagner. Ach, was? Die hat ja keine Ahnung! Ich theile es Ihnen auch nur mit, damit Sie, wenn sich auf die eine oder die andere Art eine Gelegenheit finden sollte, meinen Wunsch zu fördern, diese Gelegenheit ergreifen. Ich weiß, Sie werden das geschickt machen, und Sie thun es gern.

Eigner. O, gewiß, sehr gern! Aber was die Geschicklichkeit anbelangt —

Wagner. Nöthigen Sie mir keine Lobrede ab, was hätten Sie denn schon anders als geschickt gemacht?

Dritte Scene.
Vorige, Emma (von links), Martin (durch die Mittelthür).

Emma. Aber Robert! Nimmst Du denn keinen Kaffee? Und da ist noch nicht einmal abgeräumt? (Drückt auf die Tischglocke.) Du störst mir ja die ganze Hausordnung!

Martin (tritt ein).

Emma. Den Tisch abräumen!

Martin (geht hinaus und kommt sogleich mit Friedrich zurück, Beide räumen schnell aber geräuschlos den Tisch ab, legen einen Tischteppich auf und gehen ab).

Emma (ohne Unterbrechung). Wenn die Verhandlung gar so nöthig war, daß darüber der Kaffee kalt werden mußte, so hättest Du wenigstens in Dein Zimmer gehen sollen. Guten Tag, Herr Eigner!

Eigner. Habe die Ehre!

Wagner. Eben wollt' ich kommen, Herz! Ich habe nur mit Eigner eine Calculation berechnet, von der ich mir viel verspreche.

Emma. Und das konnte nicht zehn Minuten verschoben werden? Aber so sind die Männer, besonders die Geschäftsleute, die kennen nichts als das Geschäft, die Frau mit ihrer Hausordnung kann nicht berücksichtigt werden, die ist die Sklavin, die Unterdrückte!

Wagner. Besonders Du! Du arme Unterdrückte!

Emma. Ja wohl! Und wenn ich es weniger bin als manche Andre, so liegt das gewiß nicht an Dir, Tyrann!

Wagner. Na, sei nicht böse, arme Unterjochte, wir sind ja schon fertig und Du siehst, abgeräumt ist auch schon. Geh' nur, ich komme gleich!

Emma. Nein, Nein! (Ihm den Arm bietend.) Komm' Du nur mit, denn wenn Ihr wieder in's Berechnen kommt, so denkst Du mit keiner Silbe mehr an mich!

Wagner (sie links abführend). Ei, da irrst Du Dich doch gewaltig, lieber Schatz! (Beide ab.)

Vierte Scene.

Eigner, dann Eleonora.

Eigner. Unter den wenigen Sprichwörtern, die heut zu Tage noch wahr sind, ist das wahrste: „Unverhofft kommt oft". Vor dreißig Minuten hätte ich nicht im Entferntesten an das gedacht, was mir die letzte Viertelstunde gebracht hat. Nun, ich gönne dem wackern Herrn die Freude, die er an seinem Sohn erleben kann und will gern das Meinige thun, um ihm möglichst sanft über die Gardinenpredigten hinwegzuhelfen, aber der Nachtrag seines Planes, so rationell er auch ist, hat meinen Beifall gar nicht und ich werde mich bei seiner Unterstützung sehr ungeschickt benehmen. Nun, kommt Zeit, kommt Rath. Wenn mich die kleinen Anzeichen nicht täuschen, so nehme ich den Kampf selbst mit dem Sohn vom Hause auf.

Eleonora (von links). Herr Eigner, Papa läßt fragen, ob Sie unsere Loge benützen wollen, wir bleiben heute zu Hause!

Eigner. Sie auch, verehrte Frau? Sie äußerten doch unlängst erst, daß Sie die „Räuber" gern einmal sehen möchten.

Eleonora. Mama will nicht, es wird ihr zu viel darin geschossen.

Eigner. Und nöthigt Sie das auch zu Haus zu bleiben?

Eleonora. Ich kann doch nicht allein in's Theater gehen, und Rosa geht mit der Tante in den Circus.

Eigner. O, warum beauftragt mich Herr Wagner nicht — Sie nach dem Theater abzuholen?

Eleonora. Ei, weil wir Pferd und Wagen und Dienstleute haben, deren Sache das wäre, und in der Loge säße ich dann doch ganz allein, was Mama nicht recht schicklich findet!

Eigner (mit leichter Verlegenheit). Sie haben Recht, verzeihen Sie mir!

Eleonora. Was denn? Daß Sie so gefällig sein wollten?

Eigner (dessen Verlegenheit sich steigert). Das nicht, aber — daß ich es wage, — Sie zu bitten, meinen Dank zu überbringen, und mich zu entschuldigen, wenn ich von dem gütigen Anerbieten keinen Gebrauch machen kann —

Eleonora (lächelnd). Wollen Sie auch nicht allein sitzen?

Eigner. Das eben nicht, — aber — ich fühle — etwas Kopfweh und werde mein einsames Stübchen aufsuchen.

Eleonora. Das bedaure ich, denn für den Fall, daß Ihnen die „Räuber" nicht zusagen, sollte ich Ihnen die Einladung von Mama überbringen, heute Abends den Thee bei uns zu nehmen.

Eigner. Oh, bis zum Abend, hoffe ich sicher, daß die „Räuber" — (bei Seite) jetzt muß ich machen, daß ich fortkomme, denn ich rede nichts als Unsinn. (Laut.) Gnädige Frau! Ich habe die Ehre, mich zu empfehlen, sobald mein Kopf wieder in

Ordnung sein wird, werde ich der gütigen Ein=
ladung Folge leisten.

Eleonora (lächelnd). Um 8 Uhr erwarten wir Sie!

Eigner. Ach ja richtig, um 8 Uhr! Habe noch=
mals die Ehre! (Mitte ab.)

Eleonora. Auf Wiedersehn! (Lacht.) Es ist gut,
daß ihn jetzt Rosa nicht gesehen hat, da könnte
sie leicht ihre Meinung über ihn etwas geändert
haben! Es ist nichts spaßhafter, als einen ge=
scheidten Mann in Verwirrung Albernheiten stammeln
zu hören! — Aber es hat ihn gut gekleidet, und es
kommt mir vor, als ob es mir förmlich Vergnügen
gemacht hätte. Ich werde doch sonst immer selbst
verlegen, wenn ich Jemand in Verlegenheit sehe,
und bei ihm ist das nie der Fall! Wie das nur
kommen mag? Ah — weil's ihn gar so gut kleidete!
Ja, ja! Das ist's schon! (Will links ab.)

Fünfte Scene.
Eleonora, Wagner, später Kalkstein.

Wagner (von links). Hop, hop! So eilig?

Eleonora. Ich wollte Ihnen eben sagen, daß
Herr Eigner die Loge dankend refüsirt! Er hat
Kopfweh!

Wagner. Nun laßt Neuberts fragen, ob sie sie
benützen wollen.

Eleonora. Herr Eigner nimmt heute Abends den Thee bei uns. Die Mama hat ihn eingeladen.

Wagner. Aha, die Einladung schlägt er nicht aus, weil sie von meiner Frau kommt! Oh, der ist schlau! Und da hat er geschwind auf ein paar Stunden Kopfweh gekriegt. Haha! Das ist ein Feiner! Den bringt nichts in Verlegenheit.

Eleonora (lachend). Nein, Papa! Gewiß nicht.

Wagner. Warum lachst Du denn?

Eleonora. Je nun! Weil Sie den Herrn Eigner so gut kennen!

Wagner. Ja, Kind! Ich bin ein alter Praktikus! — Erzähle es der Mama, daß er meine Einladung ausgeschlagen und die ihrige angenommen hat, es schmeichelt ihr und mir paßt das! (Es wird Mitte geklopft.) Herein!

Kalkstein (durch die Mittelthür). Unangemeldet! Grüß Dich Gott, Freund!

Wagner. Von Herzen willkommen! (Umarmen sich.)

Kalkstein. Schöne Frau, Sie kennen meine Verehrung für Sie, also werden Sie es nicht für unartig halten, wenn ich Sie bitte mich mit dem Papa einen Augenblick allein zu lassen! Ein Geschäft, das keinen Aufschub leidet!

Eleonora. Bitte, sehr gerne! (Bietet ihm die Hand.) Ich freue mich, Sie bald wiederzusehn! (Geht gegen links.)

Kalkstein. O, ich komme heute noch! Meinen Handkuß der Mama!

Eleonora (links ab).

Wagner. Nun Freund, was bringst Du?

Kalkstein. Ihn bring' ich Dir.

Wagner. Wirklich? — Wie sieht er denn aus?

Kalkstein. Gesund und stark wie ein Eichbaum! Jetzt merke auf, daß Du weißt was er vor der Hand hier vorstellt! Er heißt Nikolaus Brandes und ist der jüngste Sohn vom Hause Brandes in Riga, der in Deinem Hause sich auf seinem ersten Ausfluge niederlassen und den hiesigen Platz kennen lernen soll. Also verschnappe Dich nicht, bis es Zeit ist! Um Dir's zu erleichtern, habe ich eine Firma gewählt, die Dir bekannt und geläufig ist!

Wagner. Ich danke Dir! Wenn er sich nur nicht verschnappt!

Kalkstein. Da sei unbesorgt, er ist vortrefflich einstudirt!

Wagner. Er ahnt doch nicht —

Kalkstein. Er hat keine Idee! Das schwöre ich Dir! Was er glaubt, setze ich Dir bei mehr Muße auseinander, jetzt muß ich ihn holen.

Wagner. Wo ist er denn?

Kalkstein. Hier unten beim Hutmacher. Er muß sich einen neuen Hut kaufen, weil er sich auf der letzten Station im Coupée auf den seinigen gesetzt und ihm alle Rippen gebrochen hat. Also halte mich nicht mit Fragen auf, sonst wird er mir ungeduldig, in zwei Minuten bin ich mit ihm da, also knöpfe das Vaterherz auf und lege den Mund unter einen Zügel! (Mitte ab.)

Sechste Scene.
Wagner, dann Emma, später Eleonora und Friedrich.

Wagner. Ah! Das Herz kann ich nicht auf=knöpfen, aber die Weste möchte ich aufknöpfen, denn mir ist heiß und enge um die Brust. Nun, lieber Himmel, du siehst meine Reue und mein Bestreben, meinen Fehltritt gut zu machen, ich hoffe, daß du an mir mehr Freude hast als an neunundneunzig Gerechten und Alles zum glücklichen Ende führst.

Emma (öffnet die Thüre links).

Wagner (ohne sie zu sehen, fortfahrend): Wenn nur meine Frau so dächte wie ich!

Emma. Das thut sie immer! Wenn sie Dich auch manchmal auf andere Gedanken bringen muß, so haben wir doch zuletzt nur einen Ge=danken.

Wagner. Richtig mein Schatz! Der Eine muß dem Andern nachgeben. Nur trifft es sich meistens, daß ich der Eine bin!

Emma. Geh, geh! Mir scheint, das soll ein Vorwurf sein? Bin ich nicht Dir gegenüber die Nachgiebigkeit selber? Natürlich nur, wo Du Recht hast.

Wagner. Wer bestreitet denn das? — Aber, um es mir recht klar zu machen, nenne mir ein Beispiel, wo Du nachgegeben hast!

Emma. Siehst Du, Undankbarer! für so etwas hast Du kein Gedächtniß. Als Du mir vor vierzehn Tagen den Perlenschmuck kaufen wolltest und ich die Ausgabe zu groß und unnöthig fand, habe ich da nicht nachgegeben?

Wagner. So wahr ich lebe! Verzeihe mir! Das hätte nicht leicht eine Frau für ihren Mann gethan.

Emma. Bösewicht! Glaubst Du, ich übersehe den Spott, der in Deinen Worten liegt? — Du denkst eben nur daran, daß es ein Geschenk war, und ich denke nur an die große Ausgabe! — Lori sagt, Kalkstein sei zurückgekommen?

Wagner. Ja mein Herz, und er hat uns einen Gast mitgebracht, der jüngste Sohn von L. M. Brandes in Riga wird in mein Geschäft eintreten und ich möchte gerne, daß er bei uns wohnt. Aber das wird schwer gehen, was?

Emma. Ah, Lirumlarum, der Sohn eines befreundeten Hauses (drückt auf die Tischglocke); das wäre nicht übel, wenn wir den nicht unterbringen könnten!

Martin (durch die Mittelthür). Sie befehlen?

Emma. Sage der Fanni, daß das gelbe Zimmer mit dem Alkoven in Stand gesetzt wird, es wird von einem Gast bezogen. Meine Tochter soll Wäsche herausgeben. Helft der Fanni, damit es schnell fertig wird!

Martin. Werde es gleich besorgen! (Mitte ab.)

Wagner (ihr die Backen klopfend). Du bist doch ein Prachtweibchen!

Emma (ihn mit verstellter Verwunderung ansehend). Warum denn?

Wagner. Weil Du alle meine Wünsche so schnell und schön erfüllst, ehe ich sie noch recht ausgesprochen habe.

Emma. Muß man denn das nicht thun, wenn man mit Euch Tyrannen leben will?

Wagner (hustet und wendet sich ab).

Emma (dreht ihn zu sich). Woher hast Du denn den Husten?

Wagner. O! Ich wollte etwas sagen, und habe mich verschluckt. Hahahaha!

Emma. Erkältet wirst Du Dich haben! Weil Du gestern bis nach Mitternacht im Casino warst. Darüber bin ich Dir ohnehin die Strafpredigt noch schuldig.

Wagner. O, Kind, Du haft Credit bei mir.

Emma. Du aber wirft ihn bei mir verlieren, wenn Du leichtſinnig wirſt. Da ſchleicht er auf den Zehen ins Zimmer, damit man ihn nicht hören ſoll, den Nachtſchwärmer!

Wagner. Ja, das iſt ſchon ſo die Art der Tyrannen!

Emma. So, iſt das nicht auch Tyrannei, wenn man die arme Frau im Schlafe ſtört?

Wagner. Soll ich Strafe zahlen, weil ich zu ſpät gekommen bin?

Emma. Nein, beſſern ſollſt Du Dich und ein= ſehen, daß ich Recht habe.

Wagner. Das ſeh' ich immer ein.

Emma. Ja, aber zu ſpät.

Eleonora (von links).

Emma. Geh' Lori, gieb Bett= und Handwäſche heraus!

Eleonora. Iſt ſchon geſchehen, Mama! Martin bringt ſie eben hinüber! Wir haben einen Gaſt?

Wagner. Herrn Brandes aus Riga. Das heißt, nur den Sohn.

Friedrich (durch die Mittelthür). Herr Profeſſor Kalkſtein und Herr Nikolaus Brandes!

Wagner (bei Seite). O Gott! O Gott! (Laut.) Sehr willkommen!

Siebente Scene.
Vorige, Kalkstein, Brandes.

Stellung.
Wagner, Kalkstein, Brandes, Eleonora, Emma.

Kalkstein. Werther Freund! Meine Damen! Ihr ergebenster Diener, ich habe die Ehre Ihnen Herrn Nikolaus Brandes vorzustellen! Herr Wagner, dessen liebenswürdige Gattin, deren verwittwete Schwiegertochter, Frau Eleonora Wagner. (Tritt an Wagner's linke Seite.)

Wagner. Bin außerordentlich erfreut. (Bei Seite.) Mir wie aus dem Gesicht geschnitten. Wenn Sie nur nichts merkt.

Emma. Sie sind uns herzlich willkommen, Herr Brandes, ich hoffe Sie werden es sich in unserm Hause gefallen lassen.

Brandes (der sich bei der Vorstellung vor Jedem verbeugt hat). Ich fühle mich sehr geehrt und bedaure, wenn ich Ihnen Unbequemlichkeiten verursachen sollte. (Wendet sich zu Wagner.) [NB. Das Benehmen des Brandes darf nur die Befangenheit der geringen Begabung an sich tragen, die vor allem Neuen sich geltend macht, die Erziehung darf nicht vermißt werden, auch nicht, wenn er, sich heimisch fühlend, statt Befangenheit, Ungenirtheit zeigt.] Mein guter Vater — (Stößt im Vortreten leicht an den Tisch.)

Wagner (Kalkstein's Arm fassend, leise). Um Gottes Willen

Brandes. Mein guter Vater hat mir einen Empfehlungsbrief an Sie mitgegeben, aber ich muß ihn unterwegs in einem Gasthof haben liegen lassen. Sie werden mir deshalb nicht zürnen. Vielleicht erhalten Sie ihn mit der Post nachgeschickt.

Wagner (leise zu Kalkstein). Der lügt ja, wie gedruckt! (Laut.) Geben Sie mir die Hand, mein junger Freund! Sie sind mir sehr willkommen und haben keinen Empfehlungsbrief nöthig.

Kalkstein. Nicht wahr! Er hat ihn auf dem Gesicht, denn er sieht seinem Vater sprechend ähnlich!

Wagner (leise). Unglücksmensch, willst Du sie aufmerksam machen!

Emma. Ich hoffe, daß dieser unbedeutende Verlust, die einzige Fatalität war, die Ihnen auf Ihrer Reise begegnet ist!

Brandes. Sie sind sehr gütig! Aber ich bin nicht so glücklich weggekommen. Mein guter Vater hatte mich beauftragt in Danzig Werthpapiere in seinem Namen zu erheben und ihm zu schicken, und in der Zerstreuung habe ich das Couvert mit meinen Legitimationspapieren und Creditbriefen zurückgeschickt.

Eleonora (lächelnd). Allerdings eine unliebsame Verwechslung!

Wagner (leise zu Kalkstein). O, das ist ein feiner Bursche!

Kalkstein (ebenso). Na, Du wirst Dich wundern!

Wagner (laut). Nun das läßt sich ja redressiren.

Emma. Wenn nur die Werthpapiere zu Hause nicht schwer vermißt werden.

Brandes. Oh, die habe ich gleich nachgesendet, als ich meine Ungeschicklichkeit bemerkte.

Eleonora. Haben Sie sie bald bemerkt?

Brandes. Denselben Abend noch! Wenn ich nämlich zu Bett gehe —

Kalkstein (ihn unterbrechend). Mein Freund Wagner wird erlauben, daß Sie sich erst in einigen Tagen um das Geschäft kümmern, damit Sie hier erst ein wenig heimisch werden.

Wagner. Das versteht sich!

Brandes. Oh, ich werde sehr schnell heimisch! Besonders in einem so charmanten Hause! (Zu Wagner:) Sie werde ich sehr lieb gewinnen, Sie erinnern mich sehr an meinen Papa!

Wagner. Haben — Sie vielleicht ein Portrait von ihm?

Brandes. Das nicht, aber eine Photographie (legt den Hut auf einen Sessel und sucht in der Tasche). Mein Papa hat auch eine so große Glatze, wie Sie!

(Oeffnet die Brieftasche.) Aber er trägt eine Perrücke. Wo hab' ich sie denn?

Eleonora (leise zu Emma.) Das ist ja ein dummer Mensch!

Brandes. Oh, mir fällt ein, daß ich sie zu den Briefen gelegt habe. Mein Papa wird sich wundern, daß ich ihm seine Photographie schicke, er wird glauben, ich habe ihn auf der Reise photographiren lassen.

Wagner (leise zu Kalkstein). Ist das Raffinement, oder —

Kalkstein. Nein, er gibt sich, wie er ist! Er ist nur befangen.

Emma. Wollen Sie nicht das Zimmer ansehen, das wir Ihnen zur Disposition stellen können?

Brandes. Oh, ich bin im Voraus entzückt!

Emma. Sie müssen eben Vorlieb nehmen!

Brandes. Oh, ich bin leicht zufrieden gestellt, mag es sein wie es will, wenn ich nur allein im Zimmer schlafe, denn ich —

Wagner. Sie scheinen noch etwas fatignirt von der Reise, der Diener soll Sie geleiten! Sie nehmen doch heute Abend den Thee mit uns?

Brandes. Wird mir sehr angenehm sein!

Emma. Mein Mann wird Sie abholen, also auf Wiedersehen, mein Herr! (Geht gegen links.)

Brandes. Ich habe die Ehre!

Eleonora. Auch ich werde heute Abend das Vergnügen haben!

Brandes. Ist mir sehr schmeichelhaft! Mein Fräulein! (Will Emma folgen.) Das Vergnügen wird ganz auf meiner Seite sein! (Begleitet sie gegen die Thüre, tritt dort Eleonora auf's Kleid, prallt als er es bemerkt zurück und fällt in den Sessel, auf dem sein Hut liegt.) Oh, Pardon!

Kalkstein. Sitzt schon wieder auf seinem Hut!

(Der Vorhang fällt.)

Zweiter Act.

Salon bei Wagner, rechts, links und in der Mitte Thüren, links im Hintergrunde ein Flügel.

Erste Scene.
Martin, dann Wagner.

Martin (zwei große Tischlampen tragend). Ich bin doch gewiß ein gescheidter Kerl, aber mir sollen alle Haare ausgehen, wenn ich weiß, woran ich bin. Der neue Comptoirist hat beim Frühstück die ernsthaftesten Sachen erzählt und die beiden Damen haben alle Augenblick die spaßhaftesten Gesichter geschnitten, um das Lachen zu verbeißen! Aber der gnädige Herr schien es ihnen auch übel zu nehmen, denn er machte ein immer finstereres Gesicht und rückte auf seinem Stuhle hin und her, als wenn ihm jeden Augenblick die Geduld reißen wollte. Ich war der Einzige, der seine Würde behauptete und mit ruhiger Fassung weiter servirte. Ja, mein Gott! Frauenzimmer bleiben Frauenzimmer, wenn sie auch gnädige Frauen sind, und denen kommen oft die ernsthaftesten Sachen spaßhaft vor. (Er ist nach rückwärts gegangen und placirt die Lampen.)

Wagner (aus links). Verdammte Situation! Ich habe mir das viel leichter gedacht! Ich gehe herum, als wenn ich etwas gestohlen hätte und jeden Augenblick fürchten müßte, daß man es vermißt und mich beim Kragen packt! Und der Unglücks=mensch lügt meinen Damen, mit einer Unverschämt=heit ohne Gleichen, die dümmsten Geschichten von seinem Vater Brandes und seinem Bruder Alexander vor! Na, das Pulver hat er nicht erfunden, das hab' ich schon weg, aber über das Haus Brandes scheint ihn der Professor gut instruirt zu haben. Ah, Martin! Komm einmal her!

Martin (vorkommend). Sie befehlen, Herr Wagner?

Wagner. Den Herrn Brandes empfehle ich Deiner besonderen Aufmerksamkeit, hörst Du?

Martin. O ja, sehr leise!

Wagner. Beobachte ihn im Stillen ein Bischen! Verstehst Du?

Martin. Aha! Ich verstehe.

Wagner. Ich kenne den jungen Mann natürlich noch zu wenig und bin gern im Klaren über die Leute in meinem Hause.

Martin. Natürlich! Heut' zu Tage ist Niemand zu trauen.

Wagner (stutzt). Wie so nicht zu trauen?

Martin. Aber seien Sie ganz ruhig, da ich nun avisirt bin, will ich ihm schon auf die Finger sehen!

Wagner. Der Einfaltspinsel glaubt am Ende ich habe ihn im Verdacht, daß er etwas einsteckt. Martin, wie kann man nur so einfältig sein! Ich meine, über seine Lebensweise, seinen Umgang, wo möglich seine Passionen, möchte ich unterrichtet sein. D'rum sollst Du ihn gelegentlich beobachten! Du bist zwar kein Kirchenlicht, aber so viel Verstand wirst Du doch haben! Du passest ja zu ihm! (Bei Seite.) Leider Gottes! (Laut.) Aber sieh' zu, daß er nicht zu viel von Dir anzieht!

Martin. Oh, ich schließe meine Kleider schon ein!

Wagner (ungeduldig). Von Deiner Dummheit mein' ich. Simplex! (Geht zur Mitte.)

Martin (pfiffig lächelnd). Sein alter Spaß! Aber ich lasse ihm die Freude.

Wagner (an der Thür). Ich bin im Comptoir. Wenn Professor Kalkstein kommt, rufe mich. (Ab.)

Martin. Sehr wohl. — Also beobachten soll ich ihn! Da bin ich jetzt ein Beobachtungs=Corps, wie immer in der Zeitung steht. Das ist etwas für mich, da kann ich mein Raffinement im glän= zenden Lichte zeigen! Wegen (Pantomime des Stehlens) dem ist es nicht, aber der Umgang, die Passionen! — Also, besonders aufpassen, wenn er mit den Frauen=

3*

zimmern verkehrt und wie ich merke, daß er eine Passion kriegt, gleich rapportirt.

Zweite Scene.
Martin, Eleonora, dann Brandes.

Eleonora (von rechts). Martin, bitte, gehen Sie in den Gartensalon und bringen Sie mir den Korb mit der Stickerei herauf.

Martin. Ja wohl, sogleich! Soll ich auch den Fußschemel mitbringen?

Eleonora. Thun Sie das. Es ist gut, daß Sie daran denken.

Martin. Oh, das thue ich mit Vergnügen. (Geht zur Mitte.)

Brandes (durch die Mittelthür, hat einen Sommer-Ueberzieher über dem Arm, den er Martin zuwirft). Bitte, mein Sohn. Ich vergaß draußen abzulegen.

Martin. Zu Befehl! (An der Thüre.) Erste Beobachtung! (Ab.)

Brandes. Habe die Ehre, mein Fräulein.

Eleonora (rechts auf dem Sopha). Seien Sie willkommen, Herr Brandes! Sie haben sich ein wenig die Stadt angesehen?

Brandes. Ja wohl, mein Fräulein! Herr Wagner gab mir Herrn Eigner als Cicerone mit.

Eleonora. Herrn Eigner?

Brandes. Ein recht lieber, gebildeter Mensch, das!

Eleonora. Finden Sie?

Brandes. Ja wohl, mein Fräulein!

Eleonora (lächelnd). Aber sagen Sie mir doch, Herr Brandes, weshalb Sie mich so beharrlich Fräulein nennen, da Sie doch wissen, daß ich Frau, ja sogar leider Wittwe bin?

Brandes. Pardon, mein Fräulein! Hm! gnädige Frau wollt' ich sagen, aber es will mir nicht recht eingehen, daß Sie schon verheirathet waren.

Eleonora. Ist es so wunderbar, daß ich einen Mann gefunden habe?

Brandes. O nein, das nicht, aber, wenn man Sie ansieht, Ihre Erscheinung ist so fräuleinhaft, so jugendlich. — Obgleich ich überzeugt bin, daß Sie viel älter sind, als Sie aussehen.

Eleonora (lächelnd). Nun, keine zwanzig Jahr!

Brandes. Hahaha! Freilich nicht, denn da müßten Sie jetzt wie gar Nichts aussehen!

Eleonora (das Lachen verbeißend). Wollen Sie nicht Platz nehmen? (Deutet auf den Fauteuil neben dem Sopha.)

Brandes. Oh, mit Vergnügen. (Setzt sich in den Fauteuil und zieht den zurückstehenden Sessel hervor, seinen Hut daraufiegend.) Ich wollte zwar noch in die Buchhandlung gehen und mir eine Rittergeschichte kaufen; denn Sie müssen wissen, wenn ich zu Bette gehe —

Eleonora. Sie werden doch keine Rittergeschichten lesen?

Brandes. Oh, doch! Die gefallen mir sehr gut, ich habe schon an Hundert gelesen, und erst eine einzige hat mir nicht gefallen.

Eleonora. Und die war?

Brandes. In Versen war sie und hieß: „Die Jungfrau von Orleans". Die war sehr langweilig!

Dritte Scene.
Vorige, Rosa, Martin.

Rosa (aus links). Bon jour, Lori! Ah, im tête-à-tête mit einem jungen Herrn? Bin sehr überrascht!

Brandes (der aufgestanden ist). Meinerseits, gnädige Frau! Meinerseits!

Rosa (die an ihm vorübergegangen ist und Eleonora umarmt hat, wendet sich zu ihm mit einem Knix). Zur Zeit noch Fräulein, mein Herr!

Brandes. Oh bitte, mit Vergnügen!

Eleonora (vorstellend). Herr Brandes aus Riga, seit gestern unser Hausgenosse, Fräulein Rosa Wasserberg, meine Cousine. (Verbeugung.)

Eleonora. Ist die Tante mitgekommen?

Rosa. Sie ist bei Deiner Mama, wir bleiben zum Essen.

Eleonora. Ah, das ist liebenswürdig!

Martin (einen Arbeitskorb mit Fußgestell und einen gepolsterten Fußschemel tragend). Aha! Zwei! Doppelte Beobachtung! (Kommt vor.) Da bringe ich —

Eleonora. Nicht daher, auf mein Zimmer! (Geht an Brandes und Rosa vorüber.) Liebe Rosa, Du leistest wohl dem Herrn einen Augenblick Gesellschaft?

Rosa. Arbeite doch hier!

Eleonora. Eine Ueberraschung für Papa, kann ich doch hier im Salon nicht exponiren! Du suchst mich wohl nachher auf? Kommen Sie, Martin! (Mit Martin rechts ab.)

Rosa. Oh, sicher! (Sie sieht Brandes an, als erwarte Sie eine Anrede.)

Brandes (bemerkt ihren Blick, wird verlegen, verneigt sich zweimal.)

Rosa (setzt sich auf das Sopha). Wollen Sie nicht Platz nehmen, Herr Brandes?

Brandes (zu dem Fauteuil gehend). Wenn ich mir erlauben darf, mein Fräulein. — So ist es doch recht? —

Rosa. Mir wenigstens ist es recht so! —

Brandes. Sie müssen schon Nachsicht mit mir haben, bei so jungen reizenden Damen weiß man nicht gleich, woran man ist, es ist mir heute schon passirt, daß ich mit dem „mein Fräulein" auch an die unrechte Adresse kam. Beim Militär hier ist das viel bequemer, die haben entweder einen oder zwei oder drei Sterne, da kann man in der Titulatur nicht irren.

Rosa. Nun, lassen Sie zu Ihrer Bequemlichkeit im Reichstag einen Antrag einbringen, daß wir Damen auch ein, zwei oder drei Sterne tragen müssen. Für Fräulein, Frau und Witwe wird das gerade ausreichen.

Brandes (sieht sie freundlich lächelnd an). Hehe!

Rosa. Was lachen Sie denn so schelmisch, haben Sie vielleicht schon ein solches Gesetz erwirkt?

Brandes. O nein! Aber ich mußte lachen, weil ich mir dachte, wie schön Sie die zwei Sternchen kleiden müßten.

Rosa. Das eine Sternchen, meinen Sie?

Brandes. Nein, nein! Das zweite ist gerade das interessanteste. Man muß ja zu jedem linken Handschuh einen rechten haben!

Rosa. Der linke Handschuh bedankt sich für den ledernen Vergleich und wird ruhig warten bis der Rechte kommt.

Brandes. Da hab' ich gewiß etwas Ungeschicktes gesagt! Verzeihen Sie mir, mein schönes Fräulein, ich hatte die beste Absicht.

Rosa (die ihm mehr Interesse zuwendet). Dann habe ich ja kein Recht beleidigt zu sein! Sie wissen ja, was Arethuse sagt?!

Brandes. Nein, habe noch nicht die Ehre gehabt, sie zu sprechen.

Rosa (lächelnd). Nun, sie mag es Ihnen dann selbst sagen. — Wie es scheint, lieben Sie die alten Griechen nicht?

Brandes. Oh — doch! Neben uns in Riga wohnt Einer, das ist ein recht lieber, alter Herr!

Martin (öffnet leise die Mittelthür und lauscht herein).. Aha!

Brandes. Sein Sohn verkaufte mir immer wunderbare Cigaretten.

Rosa. So! Also rauchen Sie?

Brandes. Meine Passion!

Martin. Aha! Das muß ich melden. (Leise ab.)

Rosa. Also könnten Sie es sich wohl nicht ab= gewöhnen?

Brandes. Für eine edlere Passion schon.

Rosa. Bravo! Das war eine schöne Antwort.

Brandes (verneigt sich schweigend und verlegen lächelnd).

Rosa. Lieben Sie die Musik?

Brandes. Ja wohl, sehr! Aber mit den Noten hat sich mein Meister bei mir umsonst abgemüht! Sie sehen sich aber auch so ähnlich, daß ich sie mir nie recht merken konnte!

Rosa. Singen Sie?

Brandes. O ja, wenn ich fröhlich bin, singe ich sehr oft.

Rosa. Aber wohl nur nach dem Gehör! Was denn zum Beispiel?

Brandes. Den Chor aus „Hans Heiling" und ein Stück aus der Ouverture zu „Fra Diavolo"!

Rosa. Lieber singen Sie nicht?

Brandes. Doch, besonders eines: „Die Fahnenwacht". Da weiß ich aber den Text nicht auswendig.

Rosa (lächelnd). Auch den Refrain nicht?

Brandes. Auch nicht ganz! (Singt mit halber Stimme:) „Ich bleib' getreu in Wort und Pflicht, getreu der Dame, der ich zugeschworen!"

Rosa. Das haben Sie sich besonders gemerkt?

Brandes. Ja, weil mir das besonders gefällt!

Rosa. Nun, das wird der Dame auch besonders gefallen.

Brandes. Welcher Dame?

Rosa (singt lächelnd). „Die Dame, die ich liebe, nenn' ich nicht!"

Brandes (sieht sie an, als ob er sie nicht gleich verstünde, dann erröthet er, schlägt die Augen nieder und sagt sehr verlegen:) Aber gnädiges Fräulein, Sie werden doch nicht glauben? —

Rosa. Daß Sie mit der Zeit den ganzen Refrain auswendig lernen werden? Warum denn nicht?

Vierte Scene.
Vorige, Wagner.

Wagner (durch die Mittelthür). Ah, Rosa? Guten Morgen, Kind! Die Mama ist doch auch da?

Rosa. Bei der Tante! Guten Morgen Onkel!

Wagner. Die Herrschaften kennen sich schon?

Rosa (neigt den Kopf bejahend).

Brandes. Ja wohl, Papa Wagner!

Wagner (bei Seite, zuckend). Ah! (Laut.) Wo ist denn meine Tochter?

Rosa. Auf ihrem Zimmer, ich gehe eben zu ihr, da ich den Herrn jetzt in so guter Gesellschaft weiß. (Freundlich.) Auf Wiedersehen, Herr Brandes, bei Tische! (Rechts ab.)

Brandes. Werde die Ehre haben! — Das ist Ihre Nichte, Papa?

Wagner. Ja wohl, Fräulein Wasserberg.

Brandes. Ein sehr charmantes Fräulein! Nicht wahr, Papa!

Wagner. Geht wohl an! Aber ich hätte eine Bitte, junger Freund! So schmeichelhaft es mir auch ist, so werden Sie mich doch verbinden, wenn Sie mich nicht immer Papa nennen.

Brandes. Sie müssen mir das nicht übel nehmen, ich bin das so von zu Hause gewohnt, da nenn' ich nicht nur den Papa, sondern auch den Buchhalter und den Hauptcassier Papa, weil sie auch alte Herren sind!

Wagner. Gehorsamer Diener! Wissen Sie, junger Freund, wenn wir allein sind, so sparen Sie sich die Mittheilungen über Ihr Zuhause, meine Damen interessirt das mehr. Was die Titulatur Papa betrifft, werde ich wohl später nichts dagegen haben, aber vor der Hand bitte ich, vermeiden Sie dieselbe, besonders in Gegenwart meiner Frau.

Brandes. Warum gerade vor Ihrer Frau?

Wagner. Die könnte es ungern sehen. Es ist eine kleine Grille von ihr, daß sie in mir durchaus noch einen jungen Mann sehen will, und das „Papa" könnte sie leicht verdrießen.

Brandes. Gut, gut! Ich werde mich schon zusammennehmen.

Wagner. Jetzt sagen Sie mir, haben Sie meine Schwiegertochter seit dem Frühstück schon gesprochen?

Brandes. Ihre Schwiegertochter? — Welche ist denn Ihre Schwiegertochter?

Wagner. Wie so, welche?

Brandes. Die Hübsche, oder die ganz Hübsche!

Wagner. Nach der Rangordnung kann ich Ihnen keine Auskunft geben! Meine Schwiegertochter heißt Lori und ist die Witwe meines Sohnes.

Brandes. Jetzt weiß ich schon Bescheid! Die Andere heißt Rosa!

Wagner. Nun, haben Sie die gesprochen?

Brandes. Ja, die habe ich früher hier gesprochen. Sie ist nur auf ihr Zimmer gegangen, weil Sie an einer Ueberraschung für Sie arbeiten will!

Wagner (mit verlegener Grimasse). Das liebe Kind! (Bei Seite:) Nun, wer uns nur nach den geistigen Fähigkeiten beurtheilt, kann mich unmöglich im Verdacht der Vaterschaft haben! (Laut:) Wie gefällt Ihnen denn meine Schwiegertochter?

Brandes. Das ist das Fräulein Lori? — Oh, eine reizende junge Dame!

Wagner. Nicht wahr?

Brandes. Und das Fräulein Rosa, ist sehr interessant!

Wagner. Oh, die Lori ist noch viel interessanter. Sie müssen sie nur erst kennen lernen. Thun Sie das nur. Ich sage Ihnen, es verlohnt der Mühe, sie näher kennen zu lernen!

Brandes. Ah, davon bin ich überzeugt!

Wagner. Diese Bescheidenheit bei so viel Geist und Bildung! Dieses stets heitere Wesen bei dieser Tiefe des Gemüthes!

Brandes. Hat das Fräulein Rosa keine Gemüthstiefe?

Wagner. Hm! Ich kann nicht Nein sagen. Aber gegen die Lori, kein Vergleich.

Brandes. Schöne Augen hat das Fräulein Rosa.

Wagner (fast ärgerlich). Sie haben eben die Augen der Lori noch nicht ordentlich angesehen. Aber lassen wir jetzt die Lori und die Rosa. Weil wir gerade allein sind, so sagen Sie mir, wie gefällt Ihnen denn meine Frau?

Brandes. Oh, da kann ich versichern, ausgezeichnet! Eine sehr liebe und sehr schöne Dame für ihre Jahre.

Wagner. Sie ist wohl ein wenig streng und ernst —

Brandes. Das hab' ich nicht bemerkt, wenn ich beim Frühstück etwas erzählte, so lächelte sie immer sehr freundlich dazu.

Wagner (bei Seite). Das heißt, sie lachte über seine Albernheit. (Laut:) Aber sie ist die Güte selbst. Wissen Sie, sie ist für Aufmerksamkeiten sehr empfänglich! Spielen Sie den Galanten, machen Sie ihr ein bischen die Cour.

Brandes (der ihn mißversteht, sieht ihn mit großen Augen an). Ihrer Frau Gemahlin?

Wagner. Ja wohl! Es wäre mir lieb, wenn sie sich für Sie interessirte.

Brandes (tritt einen kleinen Schritt zurück). Das wäre Ihnen lieb?

Wagner. Es ist zwar nicht leicht bei ihr etwas zu erreichen, aber Sie sind ja ein junger, hübscher

Mensch, und das Wohlwollen der Frauen neigt sich leicht jungen Erscheinungen zu. Nur nicht viel reden.

Brandes (mit steigernder Verwunderung). Nicht viel reden?

Wagner. Nein, das könnte eher gefährlich werden! Nur was die Hauptsache ist und das kurz mit Ueberlegung, sonst aber so aufmerksam und zuvorkommend wie möglich. Wenn Sie sich nur etwas klug benehmen, so erobern Sie sie sicher und wo sie einmal mit ihrer Neigung Wurzel gefaßt hat, da kann man Alles bei ihr durchsetzen.

Brandes (versteinert). Alles?

Wagner. Also nehmen Sie sich zusammen, es ist zu Ihrem und meinem Besten! Auf Wiedersehn. (Links ab.)

Brandes. Wenn ich es nicht selbst gehört hätte, ich würde es keinem Menschen glauben! Abscheulich! Hat denn der Mann nie ein Gebet gesprochen, daß ihm die Bitte: „Führe uns nicht in Versuchung!" ganz fremd geblieben ist? Wer sollte hinter dem gutmüthigen Ehrenmanne, wie er sich präsentirt, eine solche Verderbtheit suchen! Ja, die großen Städte! die großen Städte! Und was sich der Mann von mir denkt? Ich sollte mich zu so etwas hergeben? Niemals, eher reise ich noch heute ab. — Nein, das thu' ich nicht!

Ich muß erst noch einmal mit Fräulein Rosa sprechen. — Aber warnen werde ich die arme Frau, damit sie sich vor den Schlingen hüten kann, die ihr der saubere Gatte legt.

Fünfte Scene.
Brandes, Eigner, dann Emma, Wasserberg, Eleonora und Rosa.

Eigner (durch die Mittelthüre). Ist der Herr Prinzipal nicht hier?

Brandes. Er ging eben weg. Ach schön, daß Sie mir gerade in den Wurf kommen: Sie sind ja schon längere Zeit hier im Hause, sagen Sie mir doch, ist Herr Wagner unglücklich verheirathet?

Eigner. Wie kommen Sie denn auf eine solche Idee? Bei zwei so trefflichen Menschen, wie Herr Wagner und seine Gattin, kann es ja nur eine Muster=Ehe geben. Ich bin erstaunt über ihre Frage.

Brandes. Sie ist nicht so sonderbar, denn es ist mir vorgekommen, als ob das Muster einen garstigen Fleck hätte.

Eigner (bei Seite). Sollte er etwas ahnen? (Laut:) Auf welcher Seite?

Brandes. Auf der herrlichen Seite, das heißt auf Seite des Herrn.

Eigner (bei Seite). Er scheint richtig etwas zu wissen. (Laut:) Und hätten Sie sich denn deshalb zu beklagen?

Brandes. Versteht sich, ich! Ich bin ein moralischer Mensch, das scheint er zu bezweifeln, aber ich werde ihm die Anerkennung abzwingen.

Eigner. Bester Freund! Nehmen Sie den Rath eines unparteiischen Mannes, lassen Sie jede Aufregung, thun Sie gar nichts und seien Sie fest überzeugt, daß Alles gut werden wird. Die Intentionen des Herrn Wagner sind die besten!

Brandes. Nun, wenn er noch weniger gute hat, so kann ich ihn nur bedauern. Aber still, da kommen die Damen! (Die vier Damen von rechts.)

Emma. Ah schön, daß ich Sie sehe, Herr Eigner, es ist doch wegen der Krebse nach Laibach geschrieben worden, wir könnten sie heute zum Diner brauchen.

Eigner. Sind vor einer Viertelstunde angekommen, gnädige Frau!

Emma (zu Wasserberg). Siehst Du! Ja, auf meinen Mann kann ich mich verlassen!

Brandes (bei Seite). Arme Frau! (Schaut finster vor sich hin.)

Rosa. Haben Sie Zahnweh, Herr Brandes?

Brandes (überrascht). Im Gegentheil! Wie so?

Rosa. Weil Sie ein so schmerzliches Gesicht machen.

4

Brandes. Das war nur aus Versehen, liebes Fräulein!

Emma. Wir wollen zum Treibhaus gehen! Sie haben es noch nicht gesehen, Herr Brandes, geben Sie meiner Tochter den Arm und begleiten Sie uns.

Brandes (hält den Arm gegen Rosa hin).

Rosa (winkt ihm mit den Augen gegen Eleonora).

Eleonora (schnell an's Klavier tretend). Wenn Du erlaubst, Mama, spiele ich indessen den neuen Walzer durch, so störe ich Niemand mit meiner Stümperei. (Oeffnet den Flügel und setzt sich, ganz leise spielend.)

Emma. So geben Sie Fräulein Rosa den Arm, Herr Brandes! (Durch die Mitte mit Wasserberg ab.)

Brandes (Rosa den Arm gebend). Darf ich so frei sein? (Leise:) Suchen Sie mir die Gelegenheit zu einem Gespräch unter vier Augen mit Ihrer Frau Schwiegermutter zu geben.

Rosa. Mit meiner Schwiegermutter?

Brandes. Nicht doch, mit Frau von Wagner! (bei Seite:) Ich kenne mich noch immer nicht recht aus in der Verwandtschaft. (Zu ihr:) Etwas sehr Dringendes!

Rosa. Für Sie? (Sie gehen.)

Brandes. Nein für Frau v. Wagner!

Rosa. Es ist etwas windig. Wo haben Sie denn Ihren Hut? (Lächelnd:) Jetzt können Sie doch nicht wieder darauf sitzen?

Brandes (holt den Hut). Nein! Und das macht auch nichts, ich bin so vorsichtig gewesen, mir diesmal einen Maschinenhut zu kaufen!

Rosa. Ah, wie schlau sie sind! Man sollte es gar nicht glauben. (Beide Mitte ab.)

Eigner (ist rechts im Vordergrunde gestanden und hat nach Eleonora hinüber gesehen).

Eleonora (macht noch einige Gänge auf dem Flügel und als sie bemerkt, daß Eigner in seiner Stellung verbleibt, steht sie auf). Das Instrument ist schrecklich verstimmt, man kann nicht mehr darauf spielen. Nicht wahr, Herr Eigner?

Eigner. Ich habe Ihnen mit so großem Vergnügen zugehört, daß ich keinen Mißton bemerkt habe.

Eleonora. Wie gefällt Ihnen denn unser neuer Gast?

Eigner. Ein recht hübscher junger Mann und wie es scheint, eine recht unverdorbene Natur mit sehr gutem Fond, aber der Reichthum unseres Jahrhunderts an Erfindungen wird durch ihn nicht vermehrt werden.

Eleonora. Glücklicher Weise ist das Bedürfniß nicht dringend.

Eigner. Jetzt erlauben Sie mir aber die Frage: Wie gefällt er I h n e n? Das ist viel wichtiger.

Eleonora. Warum sollte denn meine Meinung über ihn wichtiger sein?

Eigner. Weil es Jemand gibt, der wünscht, daß er Ihnen gefalle und — daß Sie seine Gattin werden möchten!

Eleonora. Ich —? Wenn der Jemand, Papa oder Mama wäre, so sollte es mir leid thun, denn der Wunsch würde ihnen nie in Erfüllung gehen.

Eigner. Auch nicht, wenn der junge Mann plötzlich eine ganz andere Stellung hier im Hause einnehmen würde?

Eleonora. Und wenn er Chef des Hauses Wagner würde, nie, niemals!

Eigner. Gnädige Frau, Sie nehmen eine Centnerlast von meinem Herzen, die mich seit gestern fast erdrückte.

Eleonora (blickt zur Erde). Sie? Ei, wie so?

Eigner. Weil — Mir war — (rafft sich zusammen) Eleonore! Erlauben Sie mir, daß ich Sie so nenne — nur jetzt — nur unter vier Augen.

Eleonora (lächelnd). Ei, ich bin ja so getauft!

Eigner. Leonore! Es preßt mir das Herz ab, noch eine Frage an Sie zu thun. Aber — aber ich finde den Muth nicht.

Eleonora. Und kennen doch gewiß auch das Sprichwort: „Eine Frage steht frei".

Eigner. Würden Sie — Jedem — der sich Ihre Hand wünschte — ebenso: „Niemals!" antworten?

Eleonora. Jedem, bei dessen Frage ich nicht hier (auf's Herz deutend) ein leises Pochen spürte!

Eigner. Und wenn nun! — wenn nun! (in komischer Verzweiflung). Ach was! es muß einmal heraus! (Sehr laut:) Und wenn nun ich die Kühnheit hätte, Sie um Herz und Hand zu bitten? Lori!

Eleonora. Pst! Nicht so laut!

Eigner. Es ist heraus! Mag auch die ganze Welt es hören!

Eleonora. Ach, deshalb nicht, aber wenn Sie so schreien, so höre ich ja das leise Pochen hier nicht.

Eigner. Lori! Engel! (Will ihr zu Füßen stürzen.)

Eleonora (hält ihn ab). Keine Theaterscene, werther Freund! Wenn im Schauspiel der Anbeter auf die Knie sinkt, sinkt er ihr gleich darauf in die Arme und so weit sind wir noch nicht.

Eigner (bittend). Lenore!

Eleonora (hält ihm die Hand hin). Sie sind mir werth! Sehr werth! Aber Sie selbst haben mir eben mitgetheilt, daß man hier in dem Hause, dem ich doch mitangehöre, andere Pläne hat, lassen Sie sich das ruhig entwickeln, dann reden wir weiter.

Eigner. Wie soll ich verbergen —

Eleonora. Sie sollen nichts verbergen, aber Sie sollen eben bis jetzt nur fühlen und — meinetwegen wünschen und der Zeit vertrauen.

Eigner. Versprechen Sie mir —

Eleonora. Gar nichts verspreche ich, denn (lächelnd) ich kann ja nicht wissen, ob das Pochen hier nicht aufhört.

Eigner. So versprechen Sie mir wenigstens, daß Sie den jungen Brandes nicht heirathen, auf gar keinen Fall.

Eleonora. Das verspreche ich.

Eigner. Und daß Sie mich heirathen.

Eleonora (scherzhaft böse). Nein, Sie auch nicht! Denn Sie sind ein ungeduldiger Mensch, und mein Mann muß sehr viel Geduld haben. (Sie läuft schnell Mitte ab.)

Eigner. O, Du Engel! (Er faßt sich mit beiden Händen am Brustkragen des Rockes, als wollte er sich schütteln.) Ich bin doch wach? — Ja, ja! Ich muß hinaus auf die Straße, ich muß mir einen Menschen suchen, der arm und unglücklich ist, denn leider kann ich nur mit eitlem Gelde einen Glücklichen machen und ich muß einen Gefährten im Glück haben, sonst erdrückt mich das Eigene. (Er will durch die Mitte ab und stößt auf Wagner.)

Sechste Scene.
Eigner, Wagner.

Wagner. Hoho! Wohin denn so stürmisch?

Eigner. Menschen suchen, wie Diogenes! Herr Wagner! Sie wissen, wie ich Sie verehre, wie treu ergeben ich Ihrem Hause bin, aber das nutzt Ihnen Alles nichts! Ich breche ein bei Ihnen!

Wagner. Na, seien Sie so gut! —

Eigner. Ja, ich beraube Sie! Davor kann Sie Niemand schützen!

Wagner. Sind Sie übergeschnappt?

Eigner. O, nichts dergleichen. Aber einen schwarzen Plan brüte ich gegen Sie. Einen kostbaren Schatz raube ich Ihnen, wenn Sie mir ihn nicht gutwillig geben.

Wagner. Ich werde mich hüten! Ich lasse Sie einsperren.

Eigner. Dann macht mich der Schatz selber wieder frei. Wissen Sie, was ich Ihnen raube? Ihre Schwiegertochter Lori. Hahaha! (Schnell Mitte ab.)

Wagner. Die Lori? Nun das wird ja eine heillose Confusion in meinem Hause! Es ist, als ob sie sich verschworen hätten, um mir meinen Lieblingsplan zu Nichte zu machen. Der Simpel soll die Lori heirathen, kümmert sich aber gar nicht um sie und ist wie besessen hinter der Rosa her. Und das ist gefährlich, denn die verdrehte Hexe hat ja erklärt, sie will einen dummen Mann, und wenn sie nicht riesige Ansprüche macht, so muß ihr der ja genügen! Jetzt kommt nun gar mein Vertrauter, mein Bundesgenosse, der Eigner, und will die Lori für sich! Ja, und er war ja so außer Rand und Band, so siegesgewiß, daß er schon mit ihr im Reinen zu sein scheint! Schöne Aussicht für meinen Plan! Hm! Verdenken könnt' ich ihr's freilich nicht, wenn sie den Eigner lieber nähme, als den — na, den Andern! Schändliche Situation! Dabei möcht' ich dem ganzen Hause das Reden verbieten, denn so wie Jemand spricht, fällt alle Augenblicke ein Wort, das mir einen Stich gibt und ich komme gar nicht aus dem Angstschweiß heraus, aus Furcht vor einer unzeitigen Entdeckung.

Eigner (kommt zurück). Sie sind noch da, Herr Wagner und allein. Das ist mir lieb, ich habe Ihnen etwas Wichtiges unter vier Augen zu sagen.

Wagner. Nun, da können Sie von mir auch gleich etwas Wichtiges hören!

Eigner. Erst hören Sie gefälligst! Ich habe ein anderes Mal auch Zeit! Der junge Herr scheint zu wissen, wie nahe er mit Ihnen verwandt ist.

Wagner. Das wär' der Teufel! Woher vermuthen Sie? —

Eigner. Er äußerte sich vorhin im Gespräch mit mir so, als wußte er das eheliche Glück Ihrer Frau Gemahlin durch Sie gestört, und ließ sich die Bemerkung entfallen: Er werde Sie zur Anerkennung zu zwingen wissen!

Wagner (sich die Stirne wischend). Jetzt naht der jüngste Tag! — Sie haben sich doch keine Andeutung entschlüpfen lassen?

Eigner. Wie können Sie denn glauben? Ich war selbst sehr erstaunt, aber ich hielt es für meine Pflicht, Sie aufmerksam zu machen, damit Sie Ihre Maßregeln darnach nehmen können! Aber jetzt entschuldigen Sie mich, ich muß mir einen Unglücklichen suchen.

Wagner (sich in einen Stuhl sinken lassend). Nun, da können Sie gleich mich nehmen.

Eigner (lachend). Sie kann ich nicht brauchen, denn eingebildetes Unglück kann ich nicht heben, das muß ich der gnädigen Frau überlassen! Ergebenster Diener. (Rasch Mitte ab.)

Wagner (in trostlosem Zustande). Der Unglücksmensch! Woher kann der nur — (aufspringend) Was frag' ich denn? Der Kalkstein! Er ist der Verräther, kein Anderer! Ist das ein Freund? — Ein Judas ist er! Statt mir zu schildern was für ein Schwachkopf der Bursche ist und mich zu warnen, damit ich ihn fern von mir gehalten hätte, plaudert das alte Weib dem Simplex unser

Geheimniß aus und verschließt mir so den Rück=
weg! O, das ist ein angelegter Plan, das ist
eine Preſſion von ihm, die mich zwingen ſoll, den
jungen Kuckuk in mein Neſt zu nehmen. Und das
iſt eine dreißigjährige Freundſchaft! Man könnte an
der Welt verzweifeln! Aber er ſoll es empfinden;
auf der Stelle ſchreibe ich ihm, daß er mein Haus
nicht mehr betreten darf.

Siebente Scene.

Wagner, Martin, Kalkſtein.

Martin (tritt durch die Mitte ein, die Thür offen
laſſend). Herr Profeſſor Kalkſtein!

Wagner (ſcheltend). Wo ſteckſt Du denn? ich
habe dreimal nach Dir geklingelt?

Martin (ihm vertraulich zuwinkend). Im Garten.

Wagner. Was haſt Du denn im Garten zu
thun?

Martin (die Hand am Mund, flüſternd). Beobachten.

Wagner (ſieht ihn erſtaunt, groß an).

Martin (winkt ihm wieder vertraulich zu).

Wagner. Du biſt ein Eſel! Scheer' Dich Deiner
Wege!

Martin (für ſich). Der alte Spaß!

Wagner. Der junge Herr und der! Welcher
iſt der Dümmſte?

Martin (sieht, daß Kalkstein hinter ihm eingetreten ist und spricht, als ob er vorstellen wollte). Der Herr Professor! (Geht Mitte ab.)

Wagner (finster). Du bist da? —

Kalkstein. Grüß Dich Gott! Na, wie steht's denn, alter Freund! Wie bist Du denn mit meiner Lieferung zufrieden?

Wagner. Weder mit ihr, noch mit Dir. (Spottend:) Alter Freund! Ist das ein alter Freund, der so schmählich zum Verräther wird?

Kalkstein (ruhig). Bin ich der Verräther?

Wagner. Du, Du! Wer sonst als Du?

Kalkstein (immer sehr ruhig). Und was hab' ich verrathen und an wem?

Wagner (immer aufgeregter). O, gieb Dir keine Mühe! Mir imponirst Du mit Deiner erheuchelten Ruhe nicht! Mein Geheimniß hast Du verrathen, hast es dem unglückseligen Resultat meines jugendlichen Fehltrittes gegen Versprechen, Treu' und Glauben mitgetheilt.

Kalkstein. Du meinst doch den Brandes?

Wagner. Ja, den sogenannten Brandes — Bist Du ein Mann? Bist Du ein Freund? Ich kann nur bedauern, daß ich Dich dreißig Jahre verkannt habe.

Kalkstein. Ich habe dem Brandes gesagt, daß er Dein Sohn sei?

Wagner. Wer denn sonst als Du?

Kalkstein. Lass' Dich doch nicht auslachen!

Wagner. Woher wüßte er es denn sonst?

Kalkstein. Wer sagt Dir denn überhaupt, daß er es weiß?

Wagner. Der Eigner, zu dem er es gesagt hat, er werde mich zur Anerkennung zwingen.

Kalkstein. Ah bah! Gott weiß was der Einfaltspinsel zusammengeschwatzt hat! Ich schwöre Dir bei unserer alten Freundschaft, daß der junge Mann, der unter dem Namen Brandes hier im Hause lebt, unter den wenigen Gedanken, die er zusammenzubringen vermag, auch nicht einen einzigen hat oder gehabt hat, der nur an die Möglichkeit streift, er könne mit Dir nahe oder fern verwandt sein.

Wagner. Wenn er aber doch gesagt hat —

Kalkstein. Der Himmel mag wissen, was er da gemeint hat.

Wagner. Ja, sollte er denn wo anders her? —

Kalkstein. Complet unmöglich, sag' ich Dir. Beim ersten Verdacht, der in sein schwaches Hirn gefallen wäre, hätte ich ihn gewiß vor Allem bei mir gesehen. Nein, wenn Du vor Allem so sicher wärst, als davor, dann wärst Du zu beneiden.

Wagner. Ich habe doch —

Kalkstein. Nichts hast Du, als Dich umsonst geärgert, das ist Alles.

Wagner. O, geängstigt habe ich mich noch mehr, denn ich muß Dir sagen, daß mich seine Bekanntschaft so wenig bestochen hat, daß ich sehr in Zweifel bin — Still, meine Frau!

Achte Scene.
Vorige, Emma (leicht erregt durch die Mittelthür).

Emma. Robert! — Ah, grüße Sie der Himmel, lieber Professor! (Vor Wagner die Hände zusammenschlagend.) Robert, was habe ich hören müssen?

Kalkstein. Mein Compliment, werthe Freundin!

Wagner (ängstlich, unsicher). Ja, was hast Du denn?

Emma. Du fragst noch? Ich habe es nicht glauben können, aber in dieser Armensündermiene steht ja das Vergehen deutlich geschrieben. Also das ist Deine Liebe zu mir? Durch sechsundzwanzig Jahre hast Du mich getäuscht mit Deiner Heuchelei und jetzt wo Dein Haar anfängt grau zu werden, muß ich entdecken, wie schwarz Deine Seele ist?

Wagner (in Todesangst auf den Professor blickend). Ja, ich verstehe Dich nicht!

Kalkstein (hinter Emma stehend, macht Wagner Zeichen, daß es nichts sei, er möge auf seiner Hut sein).

Emma. Schamloser! Du verstehst mich nicht? Ich bitte Sie, Professor! Helfen Sie mir den Heuchler verachten! Verstehst Du mich auch noch nicht, wenn ich Dir sage, daß mir der junge Brandes Alles entdeckt hat?

Wagner (in die Knie wankend). Ah, das Ungeheuer!

Kalkstein (wiederholt die frühere Pantomime).

Emma (zu Kalkstein). Wissen Sie Freund, was dieser Ruchlose im Stande war? Um seine eigene Untreue zu verdecken oder zu rechtfertigen lernt er junge Männer an, bei seiner Ehefrau den Versucher zu spielen, verspricht ihnen sicheren Erfolg und tritt seine und meine Ehre in schamlosester Weise mit Füßen!

Wagner (auflebend). Was? —

Kalkstein (mit Lachen kämpfend). Ach, das ist ja gar nicht möglich!

Emma. Oh, bei solchem Heuchler ist Alles möglich! Läugne es Verräther, wenn Du kannst!

Wagner. Versteht sich, läugne ich! Das läugne ich bedeutend!

Kalkstein. Und der Brandes hat Ihnen —

Emma. Ja! Bei dem moralischen jungen Mann ist der Verbrecher an den Unrechten gekommen. Im Garten promenirend hat er mir eben mit sittlicher Entrüstung mitgetheilt, ich möge mich hüten, mein Mann beabsichtige mich zu Pflichtverletzungen zu verleiten, da er junge Männer auffordere, mir den Hof zu machen.

Wagner (bei Seite). Herr im Himmel, ist das ein Schafskopf!

Kalkstein. Und sagte er auch, aus welchem Grunde das Robert thue?

Emma. Nein, das begreife er selber nicht!

Wagner. Ja, das glaub' ich!

Emma. Aber welch' anderen Grund kann man da suchen, als seine eigene Treulosigkeit, seinen schändlichen Lebenswandel, der ihm sein tadelloses Weib als steten Vorwurf erscheinen läßt.

Kalkstein. Nun, ich weiß zwar nicht, wie die Sache zusammenhängt, aber daß Sie der einfältige Bursche ganz umsonst in Unruhe versetzt hat, dafür dürfen Sie mich als Bürge annehmen.

Wagner. Wie man nur solchen Unsinn glauben kann?

Emma. Ich wollte es ja auch nicht glauben, da drängte ihm mein Zweifel endlich das Bekenntniß heraus, daß Du ihm selbst den Antrag gemacht hast!

Kalkstein. Hahaha! Armer, unschuldiger Freund!

Wagner. Ja wohl, armer Freund! Da hab' ich mir ein schönes Exemplar in das Haus genommen! Emma! Emma! Du ein gescheidtes Weib, läßt Dich von so einem schwachgeistigen Menschen so zum Besten haben.

Emma. Oh, der unverdorbene junge Mann ist nicht raffinirt genug, um zu lügen. Ich werde ihn Dir entgegenstellen!

Wagner. Nein, ich bitte Dich, die Beschämung erspare ihm! Mit wenig Worten ist die Sache erklärt. Er sprach sich sehr lobend über Dich aus und ich gab ihm den Rath, sich durch Artigkeit und Zuvorkommenheit Dein Wohlwollen zu erwerben, damit er sich einer freundlichen Behandlung von Deiner Seite zu erfreuen haben sollte. Daß der unverdorbene Mensch meiner guten Meinung einen so verdorbenen Sinn unterlegen könnte, ist mir natürlich nicht im Entferntesten in den Sinn gekommen.

Emma (sieht zweifelnd Kalkstein an). Das wäre nur? —

Kalkstein (lachend). Ja, liebste Freundin, Sie haben sich umsonst empört!

Emma. Aber — wie kann er denn —

Wagner (ärgerlich). Ach, was kann denn der nicht? Der leistet ja das Unglaublichste an Einfalt.

Emma. Da hätt' ich — Dir also —

Kalkstein. Unrecht gethan! Das versteht sich! Ich sagte Ihnen ja, ich verbürge mich für ihn. Na, und Sie kennen mich ja doch!

Wagner. Ich schwöre Dir, daß ich Dir die Wahrheit gesagt habe.

Emma (Einen nach dem Andern ansehend). Wollt Ihr mich auch nicht in Compagnie hinter's Licht führen?

Wagner. Siehst Du, Freund, so sind die Weiber! Wenn nur einmal von ungefähr ein Samenkorn des Argwohns in ihre Seele gefallen ist, so kann man den ganzen Boden um und um wühlen, es wird doch immer wieder ein Blättchen hervorschießen. Nein, nein, Alte! Gieb Deine Hand her und schäme Dich nicht allzusehr, daß Du Dich von einem solchen Simplex hinters Licht führen ließest.

Emma. Nun, wenn ich getäuscht wurde, ist es mir noch immer lieber, als wenn ich Recht gehabt hätte. Es wäre gar zu gräßlich gewesen. Aber ich werde ihm —

Wagner. Nein, nein! Das überlaff' mir!

Kalkstein. Oder noch besser, Ihr überlaßt es Beide mir. Die Beschämung ist für ihn geringer und Ihr ignorirt seine Dummheit gänzlich.

Wagner. Gut, so mag es sein! (Auf die Uhr sehend.) Jetzt muß ich selbst einmal hinüber auf die Börse, denn Eigner ist mir heute davongelaufen. (Drückt auf die Tischglocke und ruft:) Martin!

Emma. Martin stand eben im Garten bei der Volière.

Wagner. Was hat denn der heute immer im Garten zu thun?

Emma. Was willst Du von ihm?

Wagner. Er soll mir einen leichten Ueberzieher bringen. In dem vollen Börsensaal echauffirt man sich leicht und erkältet sich dann.

Emma. Den werde ich Dir selbst bringen! Welchen denn, den lichten oder den dunkeln?

Wagner. Den lichten, den habe ich ohnehin lange nicht getragen.

Emma (links ab).

Wagner (sieht ihr nach; sobald die Thüre hinter ihr geschlossen ist:) Ich bitte Dich, Freund, schaffe mir den Menschen mit guter Manier aus dem Hause!

Kalkstein. Oho! Warum nicht gar!

Wagner. Ich will nichts mehr von ihm sehen und hören. Er braucht mich nicht! Er hat zu leben ohne mich und auf die Vaterfreuden durch ihn verzichte ich!

Kalkstein. Ruhig, Freund! Kommt Zeit, kommt Rath!

Wagner. Nein, kommt bei dem Zeit, so kommt neues Unglück! Was soll ich mit ihm? Vom Geschäft hat er keine Idee! Heute Morgen hörte er, daß ich Eigner beauftragte zur Kaffee-Licitation zu gehen und an Bernstein und an Trautmann Wechsel zu geben, wenn sie nicht mit steigern wollen. Sagt da das Unglückskind: Das sei nicht redlich, weil der dadurch geschädigt werde, der die Waare versteigern läßt! Und der will Kaufmann werden! Es ist zu dumm!

Kalkstein (lächelnd). Aber sehr moralisch!

Wagner. So soll er Pfarrer werden, aber vom Geschäft bleiben! Dann rennt er den ganzen Tag der Rosa nach, statt sich um die Lori zu bekümmern, auf die es dagegen der Eigner abgesehen hat. Also fällt der Hauptgrund, warum ich ihn kommen ließ, weg.

Kalkstein. Nun, Dein Vermögen kannst Du ja auch ohne Heirat den Beiden vermachen!

Wagner. Sie sollten sich aber heiraten, das war eine Lieblingsidee von mir! Und jetzt hast Du ja selbst gesehen, wie er mir die Frau auf den Hals gehetzt hat. Diese Dummheit!

Kalkstein. War doch sehr moralisch!

Wagner. Was soll denn ein Mensch mit der Moral und dem Fingerhut voll Verstand in der heutigen Welt! Er soll wieder nach Boston gehen mit seiner Moral, bleibt er hier, so dreht er mir noch das ganze Haus um! Also schaffe mir ihn fort!

Kalkstein. Nur keine Uebereilung, Freund! Gewöhnt Euch nur erst aneinander! Wir bewahren bis dahin das Geheimniß. Zur Anerkennung hast Du noch immer Zeit.

Emma (tritt von links, einen Ueberzieher über dem Arm und ein offenes Telegramm in der Hand).

Wagner (ohne sie zu bemerken). Ich werde ihn nie anerkennen.

Emma (ist bis vorgekommen). So werd' ich ihn anerkennen!

Wagner (erstarrt). Wen denn?

Emma (giebt ihm das Telegramm). Deinen Sohn!

Wagner (auf das Papier sehend). Herr Gott, das Telegramm, das ich überall gesucht habe. (Er läßt es fallen und sinkt in einen Stuhl.)

Emma. Ich hab' es gefunden in dem Rocke hier!

Kalkstein (hat das Telegramm aufgehoben und liest). „Ich reise übermorgen mit Deinem Sohne ab und treffe Dienstag bei Dir ein, er muß nur erst noch einen Paß auf den Namen Brandes besorgen. Kalkstein." (Lächelnd.) Ich finde, daß ich mich damals sehr deutlich ausgedrückt habe.

Emma (die Wagner mit ernster Stirn betrachtet hat). Nun Herr Wagner! Sind Sie noch kein Verräther?

Wagner (springt auf, faßt ihre Hand und fällt auf die Knie). Emma! Verzeihung!

Emma. Dreifacher Verräther! An mir, an ihr und an Deinem Kinde!

Wagner. Verzeihung! Gnade!

Emma (entzieht ihm die Hand, bleibt aber stehen).

Kalkstein (das Telegramm sorgfältig zusammenlegend). Die schwarze Wolke hat sich entladen, der Blitz ist herunter! Jetzt können wir schönes Wetter bekommen!

(Der Vorhang fällt.)

Dritter Act.

Gartensalon bei Wagner, offene Aussicht auf den Garten.

Erste Scene.

Wagner, Emma, dann Kalkstein.

Emma (aus dem Garten kommend). Nein, sag' ich Dir! Es ist Deine Pflicht und wenn Du auch nicht besonders streng an Deine Pflichten denkst, so sollst Du sie doch nicht verletzen dürfen, wenn ich darum weiß!

Wagner (der ihr folgte). Aber liebe, gute Emma, so höre doch wenigstens meine Gründe ruhig an. Der junge Mann braucht mich ja nicht, er ist als Erbe seiner Mutter reich, wie Kalkstein sagt, sogar sehr reich!

Emma. Aber er ist kein Lumen mundi, wenn er in Gaunerhände kommt, zerrinnt das größte Vermögen. Er muß überwacht, geleitet werden, das ist das Wenigste, was Du für das Kind Deiner Sünde thun kannst und dazu brauchst Du eine Autorität, wenn er überhaupt gesonnen ist, einem Menschen wie Du, eine Autorität zuzugestehen, denn bei seinem moralischen Charakter könnte er sie leicht einem treulosen Verräther versagen!

Wagner. Liebes, goldenes Weib, ich bitte Dich zu bedenken, daß die schönste Predigt, wenn sie zu lang dauert, den Hörer ermüden muß und daß die Gardinenpredigten das noch mehr thun als andere.

Emma. Ist sie Dir schon zu lang? Wird noch sehr lange dauern! Denn erst wenn hier im Hause alles in Ordnung ist, werde ich Dir verzeihen. Bis dahin wirst Du aber noch viel ausstehen müssen!

Wagner (in komischer Verzweiflung die Brust klopfend). Mea culpa; mea culpa! (Laut.) Emma, ich hätte Dich nicht für so rachsüchtig gehalten!

Emma. Das bin ich nicht, denn ich lasse dem Sünder die Verzeihung in der Ferne sehen, und verzeihe ich, so vergesse ich auch. Aber gerecht bin ich, die Buße erlasse ich nicht, Du mußt durch Feuer und Wasser gehen!

Wagner. Na, durch's Feuer bin ich schon! — Aber sieh', mein Engel, Du sagst, Du verzeihst mir, wenn Alles hier in Ordnung ist, also laß' den jungen Menschen ohne Entdeckung abreisen, so ist gleich Alles in Ordnung!

Kalkstein (erscheint vom Garten aus).

Wagner Ich bitte Dich, Freund, komm'! Hilf mir, meine Frau zu überzeugen!

Kalkstein (lächelnd). Bei Damen kein leichtes Unternehmen! Wovon soll denn meine charmante Freundin überzeugt werden?

Wagner. Von der Nothwendigkeit, daß der junge Mann abreist ohne zu wissen, wer er ist.

Kalkstein. Nach meiner Meinung, Freund, wäre das Unrecht!

Emma. Nicht wahr, Professor?

Kalkstein. Dein Sohn muß durchaus erfahren daß Du sein Vater bist; Du darfst Dich da von Nichts abhalten lassen.

Emma. Das muß sein! Ich danke Ihnen, Herr Professor.

Wagner (zu Kalkstein). Ah, Du bist auch Einer — (eifrig:) Aber ich habe ja nie die Absicht gehabt, ihn darüber aufzuklären.

Emma. Warum hast Du ihn denn in's Haus kommen lassen?

Wagner. Damit er die Lori heirathet und ich ihn so Sohn nennen und zu meinem Erben machen könnte, aber der Einfaltspinsel schaut die Lori gar nicht an und hängt sich wie eine Klette an die Rosa.

Emma. Ei, die paßt auch am Ende besser für ihn, also laß' ihn.

Wagner. Aber mein Lieblingswunsch geht in die Brüche!

Emma. Gehört Alles zur Buße. Uebrigens kann sich das ändern, wenn er weiß, wer Du bist und damit es nicht zu spät wird, muß er es gleich erfahren.

Kalkstein. Nein, verehrte Freundin, da haben Sie Unrecht.

Wagner. Nicht wahr, Professor.

Kalkstein. Er muß seinen Sohn anerkennen, das steht fest! Aber damit hat es durchaus keine solche Eile! Denken Sie selbst, wenn wir drei das Geheimniß vor der Hand bewahren, so können wir allen Ereignissen ruhig entgegensehen! „Es ruhen noch im Zeitenschooße die schwarzen und die heitern Loose." Warten wir die Entwicklung ab. Beobachten wir die Politik der freien Hand, so sind wir für alle Eventualitäten gerüstet, haben wir das Wort gesprochen, so sind wir waffenlos! Aber im Hause muß Brandes jedenfalls bleiben.

Wagner. Aber wozu denn?

Emma. Du schweigst ganz still! Du bist der, der verurtheilt wird und hast gar nicht zu entscheiden. — Gut, Professor! Ich will mich Ihren Gründen nachgebend zeigen, und wir wollen also warten. Jetzt bitt' ich um Ihren Arm, Sie müssen mir noch einige Aufklärung geben.

Kalkstein. Mit wahrem Vergnügen, so weit ich kann. (Bietet ihr den Arm.)

Emma. Adieu, Sünder! Erwecke Reue und Leid. (In den Garten rechts ab.)

Wagner (allein). Die Reue ist noch gar nicht eingeschlafen und das Leid ist über mich hereingebrochen, wie der Dieb in der Nacht. Na, wenn jedem Manne ein Fehltritt so heimgezahlt worden wäre, so wäre der Leichtsinn schwerlich bis auf uns gekommen. Ich habe nicht genug daran, daß ich im jugendlichen Taumel mich an meinem braven Weibe versündigte; nein! ich muß auch noch die Thorheit begehen, den Unglücksvogel in mein Haus zu rufen! Na, das soll mir für die Zukunft eine Warnung sein! Ich glaubte, wenn meine Frau es erst wüßte, würde ich erlöst sein. Jetzt weiß sie es, und ich bin noch immer auf der Folter. (Setzt sich rechts.)

Zweite Scene.

Wagner, Brandes, dann Rosa.

Brandes (aus dem Garten links). Jetzt hat sie mich ausgelacht! Das war nicht beifällig gelächelt, das war vollständig ausgelacht! Gewiß hab' ich etwas Dummes gesagt. Ich weiß, daß mir das manches Mal geschieht, aber daß mir's bei ihr geschieht, das ist äußerst ärgerlich. (Er sieht Wagner, mit gleichgültigem Tone:) Ah, Sie sind hier?

Wagner (über den Ton frappirt). Ja, stör' ich Sie vielleicht, junger Herr?

Brandes. Oh, durchaus nicht, ich habe keine Heimlichkeiten.

Wagner (bei Seite). Aha! Da guckt wieder ein langes Ohr heraus. (Laut:) Hat Sie der Professor heute noch nicht gesprochen?

Brandes. Nein, aber gesehen haben wir uns.

Wagner. Nun, wenn Sie ihn wiedersehen sollten, erinnern Sie ihn doch daran, daß er Ihnen etwas erklären wollte! Es scheint mir nöthig.

Brandes. Nun, wenn Sie es wissen, erklären Sie es mir.

Wagner. Nein, Ihnen etwas zu erklären, dazu gehört schon ein Professor.

Brandes. Allerdings habe ich schon eine Auseinandersetzung von Ihnen unerklärlich gefunden.

Wagner (biegt sich rechts und links, als wenn er hinter Brandes schauen wollte).

Brandes. Was schauen Sie denn?

Wagner. Ob Ihnen nicht Jemand die Antwort eingesagt hat, denn für eigenes Fabricat ist sie mir zu schlagfertig.

Brandes. O nein! Diesmal saß der Soufleur hier. (Auf's Herz deutend. Bei Seite:) Ich werde mich doch nicht ärgern über den unmoralischen Menschen.

Wagner (zugleich mit ihm, bei Seite). Ich werde mich doch nicht ärgern über den einfältigen Menschen. (Laut:) Ich hoffe, wenn Sie den Professor gesprochen haben, so werden Sie den Ton besser finden, in welchem Sie mit mir zu reden haben. Bis dahin will ich ihn Ihrer Naivität zu Gute halten. (In den Garten rechts ab.)

Brandes (ihm nachsehend). Meiner Naivität? Er hat was Anderes sagen wollen, aber das schlechte Gewissen hat es nicht erlaubt, daß er unhöflich gegen mich wurde. Oh, ich merke schon, seine Frau wird ihm den Text gelesen haben und deshalb hat er einen Zorn auf mich.

Rosa (erscheint im Garten von links). Warum sind Sie mir denn davon gelaufen?

Brandes. Wenn der Hase den Habicht sieht, so läuft er am Besten davon.

Rosa. Schöner Vergleich das. Bin ich ein Raubvogel?

Brandes. Pardon! Ich wollte sagen die Nachtigall!

Rosa. Vor der läuft ein Hase?

Brandes (immer verlegener). Ich wollte sagen, der Sperling in seiner Bescheidenheit.

Rosa. Nun, sehen Sie, wenn man Ihre Vergleiche nur richtig commentirt, so werden Sie ganz präsentabel.

Brandes. Ach, Fräulein Rosa, verzeihen Sie mir, wenn ich schon wieder eine Unhöflichkeit gesagt habe, ich hatte durchaus nicht die Absicht, aber Sie glauben nicht, liebstes Fräulein, wie schwer es sich mit Ihnen spricht.

Rosa. Ah? Ist das vielleicht eine Höflichkeit?

Brandes (sich die Stirne wischend). Ich werde Ihnen gleich wieder davonlaufen.

Rosa (lachend). Nein, nein! Bleiben Sie nur da. Sie kommen ja doch gleich wieder zurück. (Mit komischem Pathos:) Soll ich Ihnen einen mütterlichen Rath geben.

Brandes. Wenn er nicht gar zu mütterlich ist, werden Sie mich sehr verbinden.

Rosa. Sie sprechen zu schnell.

Brandes. Ich? —

Rosa. Ja, Sir! Das heißt: Sie sprechen zu schnell Ihre flüchtigen Gedanken aus. Würden Sie jede Rede vorher in Gedanken durchgehen, so würde gewiß manche anders ausfallen! Sie sehen, ich erkenne Ihren Fehler, also brauchen Sie sich, wenn wir allein sind, nicht zu geniren, aber bei andern sprechen Sie weniger und erst nach Ueberlegung, denn Andere brauchen nicht zu wissen, daß Sie — zu schnell sprechen.

Brandes (steht niedergeschlagen und kratzt sich hinter dem Ohr).

Rosa. Sind Sie mir böse, über meine Auf=
richtigkeit?

Brandes. O Gott! Nichts weniger als das.
Ich danke Ihnen für Ihren Rath. Es wird mir
nur schwer werden, ihn zu befolgen. Aber ich werde
mir ihn schon recht überlegen und auseinander=
setzen, dann wird's schon gehen. Wissen Sie, wenn
ich Abends zu Bette gehe —

Rosa (sich rasch umdrehend). Wünsche wohl zu
schlafen! (Geht).

Brandes (verblüfft). Fräulein Rosa —

Rosa (sich umwendend). Sie befehlen?

Brandes. Befehlen? Das würde ich in meinem
Leben nicht! Bitten, inständig bitten, mich im
Betreff Ihres guten Rathes etwas näher zu unter=
richten. — Also, weniger sprechen soll ich?

Rosa. Ja, vor andern Leuten; wenn wir unter
vier Augen sind, können Sie (lächelnd) etwas mehr
sprechen und vom Herzen weg.

Brandes. Ohne daß Sie mich auslachen? Oh,
ich danke Ihnen. — Aber wenn ich auch noch so
wenig spreche, so kann das Wenige gerade eine
— Naivität, hat Herr Wagner gesagt — sein.

Rosa. Darum erst nachdenken. Ein wenig
Uebung wird es bald zur Gewohnheit machen,
und — wissen Sie was? Ich werde Ihnen in
Etwas behilflich sein.

Brandes. Ach ja! Seien Sie so gütig.

Rosa. Wenn wir in Gesellschaft sind, so sehen Sie nur auf mich und so bald ich Taschentuch oder Fächer an den Mund führe, brechen Sie Ihre Rede ab und schweigen.

Brandes. Das werde ich treffen, glaube ich.

Rosa. Machen wir eine Probe. Nehmen wir an, wir wären in Gesellschaft. Nun sagen Sie mir etwas.

Brandes. Was denn?

Rosa. Was Sie wollen, das ist ja gleichgiltig.

Brandes (sinnt).

Rosa. Nun also.

Brandes. Wir haben aber dieses Frühjahr sehr —

Rosa (führt das Tuch zum Munde).

Brandes (stockt).

Rosa. Sehen Sie es geht. (Läßt das Tuch sinken.)

Brandes. Schönes Wetter gehabt.

Rosa (lachend). Aber Sie müssen die Rede nicht vollenden, wenn das Zeichen verschwindet, sonst ist ja die Unterbrechung zwecklos.

Brandes. Pardon! Ich hatte es nur auf der Zunge, und konnte es nicht hinunter schlucken.

Rosa. Also probiren wir es noch einmal.

Brandes. Wir haben aber dieses Früh —

Rosa. Ach nein, Sie müssen etwas Anderes sagen.

Brandes (sinnend). Etwas Anderes? — Die gestrige Schlittenpartie —

Rosa (macht das Zeichen, er schweigt). So war es recht. —

Brandes. O, das ist nicht schwer und ich kann Sie dabei fortwährend ansehen.

Rosa. Also merken Sie sich's hübsch und jetzt geben Sie mir den Arm.

Brandes (zögert). Fräulein Rosa! Schönstes Fräulein Rosa! Ich hätte Ihnen etwas anzu= vertrauen.

Rosa. Ei, das ist gewagt bei einem Mädchen. Mädchen können nichts verschweigen als ihr Alter.

Brandes. Reizendes Fräulein Rosa, Sie haben so viel Nachsicht und Wohlwollen für mich. Sie passen so recht zu mir —

Rosa (verbeugt sich ceremoniös unter Lachen).

Brandes. Ich weiß zwar nicht, ob ich — Ich fürchte zwar, daß meine Ungeschicklichkeit — aber ich muß es Ihnen sagen, daß ich Sie von ganzem Herzen —

Rosa (tritt auf ihn zu und führt das Tuch zum Munde, er stockt).

Brandes (in komischer Verzweiflung). O, Fräulein, das ist grausam! Nach langem Kämpfen und Ringen habe ich endlich den Muth, und Sie schneiden mir das Wort ab.

Rosa (lächelnd). Sie sprechen zu schnell.

Brandes. Aber das nützt Ihnen nichts. Sie müssen hören, daß ich Sie —

Rosa (lachend). Wenn der Hase den Habicht sieht, läuft er davon. (Sie läuft in den Garten rechts ab.)

Martin (der sich schon während der Scene einmal zeigte, springt schnell aus dem Wege, um nicht mit ihr zusammen zu stoßen).

Dritte Scene.
Brandes, Martin.

Brandes. Fräulein Rosa! — Sie läuft davon! Wenn Sie mich hätte ausreden lassen, wäre ich wahrscheinlich wieder davon gelaufen, denn bis zu einer Antwort von ihr hätte meine Courage doch nicht ausgehalten. Wo ich überhaupt nur die Courage hergenommen habe? (Sinnend.) Verzweiflung! die reine Verzweiflung! Auf jeden Fall habe ich's nicht recht angefangen. Das kommt davon, wenn man so wenig mit Damen bekannt ist und sich nie für eine interessirt hat. Hm! Aber so kann's doch nicht fortgehen. (Er sieht Martin). Ah, da ist auch ein junger Mann, der könnte mir vielleicht — hören Sie, guter Freund!

Martin (vorkommend). Sie befehlen?

Brandes. Sagen Sie mir, hätten Sie wohl in Ihrer Tasche Platz für diese Banknote? (Zeigt sie ihm.)

Martin. O bitte! Platz genug! Wenn sie sich nur nicht langweilt in der Einsamkeit.

Brandes (giebt sie). Nun, wenn Sie im Stande sind mir die gewünschten Gefälligkeiten zu erweisen, so kann sie bald Gesellschaft bekommen.

Martin. Ich bitte nur zu befehlen. Meine Bereitwilligkeit ist abominable.

Brandes. Sie wissen, ich bin ein Fremder und kenne die hiesigen Sitten und Gebräuche natürlich noch nicht recht.

Martin. Sind beide sehr leicht, Euer Gnaden.

Brandes. Es kommt doch gewiß auch vor, daß ein junger Mann verliebt ist?

Martin. Hihi! Selten kommt es vor, daß Einer nicht verliebt ist.

Brandes. Was thut hier ein junger Mann, der also verliebt ist?

Martin. Was er thut? Ja, das ist verschieden. Es gibt sogar manche, die heiraten.

Brandes. Nun, damit kann doch das Verliebtsein nicht anfangen?

Martin. Nein, damit hört gewöhnlich das Verliebtsein auf.

Brandes. Also womit fängt er denn an?

Martin (bei Seite). Jetzt weiß ich nicht, will mich der gnädige Herr foppen, oder ist er so einfältig? (Laut:) Womit er anfängt? — Gewöhnlich mit dem Nachsteigen.

Brandes (über das Wort erstaunt, bei Seite): Mir scheint, ich habe mich da gut adressirt. Es kommt mir vor, als wäre der Mensch etwas dumm. (Laut:) Was verstehen Sie unter „Nachsteigen"? Wie macht er das?

Martin (bei Seite, mit Pantomime an die Stirne): Ah, der ist richtig — (Laut:) Ganz einfach! Er geht ihr immer nach. Er sucht immer mit ihr zusammen zu sein. Er plaudert gern mit ihr. Er hilft ihr den Wasserkrug, oder den Holzkorb tragen — und cetera weiter.

Brandes (bei Seite). Der Mensch ist wirklich dumm. Aber bis auf Wasserkrug und Holzkorb stimmt es. (Laut:) Ja wie erfährt sie aber, daß er in sie verliebt ist?

Martin. Ah, sie merkt's schon.

Brandes. Gut! Aber wie merkt er, daß Sie es bemerkt.

Martin (lachend). Na, da müßt er schön dumm sein, wenn er das nicht merken sollte.

Brandes. Haben Sie es schon einmal gemerkt?

Martin (wohlgefällig nickend). Schon drei Mal. Bei der Lotti, bei der Marie und bei der Josefine.

Brandes (ihn anstaunend). Sind Sie denn ein Türke? Drei auf ein Mal?

Martin. Nicht auf ein Mal. Eine nach der Andern. Immer mit der gehörigen Zwischenpause.

Brandes (bei Seite). Pfui, wie unmoralisch! Nun, ländlich, sittlich. (Laut:) Wie Sie nun merkten, daß sie's merkt, was thaten Sie um weiter zu kommen?

Martin. Das war verschieden. Die Lotti habe ich mit Redensarten erobert. Sie! da bin ich stark d'rin.

Brandes (bedenklich). Das liegt zwar nahe, aber es ist schwer.

Martin. Ja freilich! Gescheidt muß man dazu sein. Der Marie, der habe ich einen Brief geschrieben.

Brandes. Einen Brief? — O! — Hat Sie geantwortet?

Martin. Ja, aber mündlich. Sie konnte nur böhmisch schreiben. Aber mit der Josefine, da ging's hart. Die ist hier im Hause, an die konnte ich doch nicht schreiben und wenn ich mit ihr von meiner Liebe reden wollte, lief sie davon.

Brandes. Sie lief davon? Seh'n Sie, das ist interessant. Was thaten Sie da?

Martin. Ich dachte mir: O, meine liebe Pepi! Dich fang' ich mit List!

Brandes. Mit List? — Nun, und haben Sie sie gefangen?

Martin. Nicht gleich. Ich machte ihr nämlich ein Gedicht, und legte es ihr auf ihr Zimmer. Den andern Tag gab sie mir ein Stück geräucherten Lachs, und wie ich ihn anschaue, war er in mein Gedicht gewickelt.

Brandes. Haben Sie das Gedicht noch?

Martin. Es war ganz fett geworden, aber ich habe es abgeschrieben. Man kann's ja noch einmal brauchen.

Brandes. Das möcht' ich lesen.

Martin. Ich habe es da. Ich lese es Ihnen vor. (Zieht es aus der Tasche.)

Brandes. Ja, ich bitte!

Martin (liest):

Allerschönste Josefine,
In dem Hause wo ich diene
Thut ein Engel mich umschweben,
Der mir mehr gilt als das Leben,
Erbarmen Sie sich und schenken Sie mir
       Ihre Liebe,
Daß ich noch am Leben bliebe!
Da ich sonst vor Kummer sterben muß.
Achtungsvoll Martinius.

(Er schaut Brandes triumphirend an.)

Brandes. Sehr schön! Aber nur für den speciellen Fall zu brauchen. Was thaten Sie dann?

Martin. Ich dachte mir: Haut Cäsar, haut auch Nilius; paßte ihr auf, wie sie einmal mit dem Theebrett aus dem Salon kam, nahm sie beim Kopf und gab ihr einen seelenvollen Kuß.

Brandes. Ja ist denn das nicht unsittlich?

Martin. Gott bewahre, das ist nur keck. Keckheit imponirt immer und wir waren auch gleich in Ordnung.

Brandes (geht kopfschüttelnd umher). Nein, das geht doch nicht. Nein, nein!

Martin. Es geht schon, probiren Sie's nur einmal.

Brandes. Nein, nein! Das mag ein sehr gutes Recept für Stubenmädchen sein, aber für Fräulein Rosa —

Martin (mit schlauem Lächeln). Hab' mir's gleich gedacht, daß Sie's auf das Fräulein Rosa abgesehen haben. Nein, bei der geht's nicht, da trauete ich mir's selber nicht. Aber wissen Sie, gnädiger Herr, wie wär's denn, wenn ich einmal mit ihr redete?

Brandes (bleibt vor ihm stehen, legt ihm beide Hände auf die Schultern und schaut ihm in's Gesicht). Das bringt mich auf eine Idee.

Martin. Ich thu' es ja gern. Ich red' noch heute mit ihr.

Brandes. Seien Sie doch nicht gar so dumm. Wie würde sich das denn schicken. (Bei Seite.) Nein das Fräulein Lori mache ich zu meiner Vertrauten, daß ist ihre Freundin, die muß für mich sprechen.

Vierte Scene.

Vorige, Eleonora.

Eleonora (von Rechts im Garten). Martin! Herr Eigner hat Sie gerufen. (Will vorüber gehen).

Martin. Ich komme schon. (Zu Brandes vertraulich.) Verlassen Sie sich nur auf mich. (Eilig rechts ab).

Brandes. Geehrtes Fräulein! — wollt' ich sagen gnädige Frau! Dürft' ich Sie wohl auf zwei Worte bitten?

Eleonora (kommt vor). Sie wünschen, Herr Brandes?

Brandes. Vor Allem wünsche ich, daß Sie Nachsicht mit mir haben, wenn ich vielleicht das, wozu ich mich gedrängt fühle, nicht in der rechten Form vorzubringen im Stande bin.

Eleonora. Seien Sie überzeugt, Herr Brandes —

Brandes. Gnädige Frau! Ich bin ein Mensch ohne Falsch und meine Empfindungen sind wahr und dauernd. Ich habe mein Herz bis zur Stunde wo ich Ihr Haus betreten, frei und ledig erhalten, aber hier bin ich erlegen, mein Herz ist verloren und wenn ich den wenigen Verstand, den die Natur mir gab, nicht ganz verlieren soll, so bitte ich Sie, erbarmen Sie sich meiner.

Eleonora (leicht verlegen). Herr Brandes, wie ist es möglich —

Brandes. Wie ist es anders möglich, müssen Sie fragen. Wie konnte ich so vielen Reizen, so vieler Liebenswürdigkeit, so vielem Geist widerstehen?! Ich schwöre es Ihnen, ich habe noch nie gewußt, was Liebe ist, aber jetzt bin ich glücklich durch die wärmste, glühendste Liebe, und wenn Sie Mitleid mit mir haben — O Gott! Ich kann mich nur nicht so ausdrücken —

Eleonora. Sprechen Sie nicht weiter, Herr Brandes. Ich achte Sie, weil ich Sie für einen wackeren, unverdorbenen jungen Mann halte, deshalb will ich ehrlich und offen mit Ihnen sprechen. Obgleich ich weiß, daß mein Schwiegervater Ihre Wünsche durch seinen Wunsch unterstützt, so muß ich Ihnen doch mit einem Worte alle Hoffnung rauben.

Brandes. Fräulein — gnädige Frau!

Eleonora. Entschlagen Sie sich den Empfindungen, die sie zu haben glauben, Sie scheinen mir eines liebenden Herzens werth, und werden es auch sicher finden, während Sie hier wohl auf Achtung, aber nie auf Liebe rechnen können.

Brandes (ganz trostlos). Nur auf Achtung? —

Eleonora. Und die will ich Ihnen beweisen, indem ich Ihnen vertraue, was selbst meine Schwiegerältern noch nicht wissen. Mein Herz ist nicht mehr frei.

Brandes (sie anschauend). Ja, was thut denn das? —

Eleonora. Was das thut?

Brandes. Ich sollte meinen, wenn Sie selbst die Macht der Liebe fühlen, so würden Sie um so mehr geneigt sein, mir Ihre Fürsprache zu leihen!

Eleonora. Meine Fürsprache?

Brandes. Sie werden es mir nicht abschlagen, wenn ich Sie bitte, mir ein freundliches Wort zu reden, vielleicht ist meine Liebe doch nicht so hoffnungslos!

Eleonora. Ein gutes Wort reden? Bei wem denn?

Brandes. Bei Ihrer Freundin, dem Fräulein Rosa!

Eleonora (freudig überrascht). Ihre Werbung gilt also nicht mir?

Brandes. Gott soll mich bewahren! Aber nehmen Sie es nur nicht übel.

Eleonora. Sie sind in Rosa verliebt, nicht in mich?

Brandes. Natürlich nicht. Aber seien Sie nicht böse deshalb.

Eleonora (lachend). Nein gewiß nicht! Sie nehmen mir eine Last vom Herzen, ich glaubte Ihr Antrag gelte mir.

Brandes. Ah, das ist zu komisch. Hahaha! (Sie sehen sich Beide herzlich lachend an.)

Eleonora (lachend). Hahaha! Sehen Sie, nun gefallen Sie mir gleich viel besser!

Brandes. (lachend). Aber wie hat Ihnen nur so etwas einfallen können. Hahaha!

Eleonora. (sich zum Ernst zwingend). Jetzt verehrter Herr, unhöflich brauchen Sie deshalb nicht zu werden.

Brandes. Oh, ich bitte tausendmal um Vergebung, ich wollte — ich dachte — Sehen Sie, so geht es mir alle Augenblicke. Haben Sie Nachsicht!

Eleonora. Nun, weil Sie so freundlich sind, mich nicht zu lieben, so soll Ihnen Alles verziehen sein. (Sie winkt ihn mit dem Finger zu sich und redet mit komischer Heimlichkeit zu ihm.) Ich will Ihnen auch im Vertrauen sagen, was ich vorhin von der Hoffnungslosigkeit Ihrer Wünsche sagte, bezog sich auf mich, mit Rosa ist es, glaub' ich, ganz was Anderes.

Brandes (entzückt.) Gnädiges Fräulein! —

Eleonora. Rosa ist das Fräulein.

Brandes. Sie glauben, daß die gnädige Frau —

Eleonora. Ich bin die gnädige Frau!

Brandes. Verzeihen Sie, wenn ich Sie in der Freude meines Herzens verwechsele.

Eleonora. Nur in der Liebe nicht! Mit der Titulatur mag es hingehen.

Brandes. Sie glauben also? — Hat sie Ihnen vielleicht gesagt? —

Eleonora. Was denken Sie? Die Sache ist ja viel zu neu, so schnell vertraut man sich unter

Mädchen nichts an. Aber ich weiß, daß Sie eine Eigenschaft besitzen, die Rosa viel höher schätzt, als all' die übrigen Eigenschaften, die Sie zieren.

Brandes. O, diese Eigenschaft soll sich noch vervollkommen. Stehen Sie mir nur bei, daß ich zu einer Erklärung komme, denn ohne Beistand sehe ich schon, bringe ich es nie zum Ziele.

Eleonora (neckend). Wenn Sie mir schwören, daß Sie mich niemals lieben werden!

Brandes (sehr ernst). In meinem Leben nicht, bei meiner Ehre!

Eleonora. Daß Sie keine Macht der Erde zwingen soll, mich zur Frau zu nehmen.

Brandes. Eher springe ich in's Wasser!

Eleonora (lachend). Nun bin ich beruhigt. Zum Lohn dieser Rittertugend verspreche ich Ihnen meinen Beistand. Ich werde Ihre Dulcinea sondiren, und finde ich, wie ich hoffe, ein geneigtes Ohr, so werde ich mich als Bevollmächtigte geriren und Ihre Erklärung überreichen.

Brandes. Und mir die Antwort überbringen?

Eleonora. Ei, Sie wollen es auch gar zu bequem haben. Nein! Aber merken Sie auf! Wenn Sie mich wieder sehen und ich habe eine Rose hier an der Brust, so ist das ein Zeichen, daß Sie Ihren Antrag getrost wagen und auf eine huldvolle Aufnahme hoffen dürfen.

Brandes. Herrlich, prächtig! Gnädige Frau, Sie sind zu liebenswürdig!

Eleonora. Scht! — Vergessen Sie, was Sie geschworen haben?

Brandes. Oh — anbetungswürdig wollt' ich sagen.

Eleonora. Das lass' ich allenfalls gelten, denn die Anbetung schließt eine heilige Scheu in sich, und mit dieser heiligen Scheu dürfen Sie mir den Arm reichen und mich ins Haus hinaufführen!

Brandes (bietet ihr den Arm). Vor so viel Anmuth muß man scheu werden.

Eleonora (unter Lachen mit ihm gehend). Nun, gehen Sie nur nicht durch mit mir! (Beide rechts in den Garten ab).

Martin (begegnet ihnen hinten und läßt sie mit einer Verbeugung passiren.) Das ist sehr gut! — (Kommt vor.) Vor einer Viertelstund' enthüllt er mir seine Passion auf das Fräulein Rosa, und jetzt spielt er den Niedlichen bei der jungen gnädigen Frau. Mir scheint, der gute Herr weiß selber nicht recht was er will! Was soll ich denn nun dem gnädigen Herrn rapportiren? Es ist ein Elend, wenn man mit Leuten zu thun hat, bei denen es hier (auf den Kopf deutend) nicht recht hell ist und das ist da offenbar der Fall, weil er nicht einmal weiß, wie man einem Frauenzimmer seine Liebe merken läßt. Na, wenn er erst einige Zeit hier ist, so denke ich ihn schon ein Bischen aufzuklären, da ich nun einmal sein Vertrauen besitze.

Fünfte Scene.

Martin, Wagner, dann Brandes.

Wagner (von rechts aus dem Garten). Martin! Lege Hut und Stock auf mein Zimmer. (Er gibt ihm Beides.)

Martin. Zu Befehl! Gerade recht, gnädiger Herr, daß ich Sie allein treffe! Ich hab' seine Passion schon heraus!

Wagner. Wessen Passion?

Martin. Dem Herrn Brandes seine! Ich weiß nur noch nicht genau, ob es das Fräulein Rosa oder die junge gnädige Frau ist.

Wagner (der ihn angeschaut hat, wendet sich geringschätzend von ihm). Ist das ein dummer Mensch!

Martin. Ja, gnädiger Herr! Mit allem schuldigen Respect, aber das habe ich auch schon bemerkt! Viel ist bei ihm da (auf den Kopf deutend) nicht zu Hause!

Wagner (ärgerlich). Du, Du! Dich mein' ich! Du bist ein dummer Mensch! Scher' Dich Deiner Wege!

Martin. Ach so! ich? Das ist etwas Andres! (Gehend; für sich.) Mein Gott, der alte Spaß! (Rechts in den Garten ab.)

Wagner. Es ist, als wenn das Unheil mit dem Menschen in mein Haus eingezogen wäre, in einem fort muß ich mich ärgern, ist's nicht über ihn, so ist's seinetwegen!

Brandes (rechts vom Garten). Herr Wagner, ich habe ein Anliegen an Sie.

Wagner. Und das wäre?

Brandes. Sie müssen mir bei etwas behülflich sein!

Wagner. Wenn ich's kann, warum denn nicht?

Brandes. Ich habe ein nicht unbedeutendes eigenes Vermögen, das Erbtheil von meiner Mutter!

Wagner (belästigt). Ich weiß, ich weiß!

Brandes. So? — Ich hab es nicht gewußt, daß Sie es wissen. — Ich will mir hier ein Haus kaufen.

Wagner. Na ja, freilich!

Brandes. Und da sollen Sie mir helfen! Denn mich betrügen die Leut' am Ende.

Wagner. Ja, das hat viel Wahrscheinlichkeit!

Brandes. Sie sind ein alter Herr! Bei Ihnen getrauen sie sich nicht so zu schwindeln, weil sie glauben, Sie könnten doch etwas davon verstehen.

Wagner. G'horsamer Diener! (Bei Seite.) Stockfisch!

Brandes. Wissen Sie! Groß braucht das Haus nicht zu sein, wenigstens nicht viel Stockwerk übereinander, aber hübsch eingetheilt muß es sein und, wenn möglich, ein Garten dabei.

Wagner. Nun, das wird sich wohl finden lassen, in Neulengbach oder in Vöslau sind recht hübsche Häuser!

Brandes. Nein, mit der Landwohnung hat's noch Zeit! Jetzt brauche ich ein Stadthaus, denn ich will mich hier niederlassen!

Wagner (seufzend). Ja, es wird wohl nicht anders werden! Aber ob Sie da gerade ein ganzes Haus brauchen —

Brandes. Oh, versteht sich, da ich heirate!

Wagner. Na, das wird doch nicht mit der Schnellpost gehen?

Brandes. Doch, doch! (Mit innerem Behagen.) Es handelt sich nur noch um eine Blume, sobald ich die sehe, ist Alles in Richtigkeit!

Wagner. Wie soll ich das verstehen?

Brandes. Warten Sie nur, bis Ihre Frau Schwiegertochter wieder herunter kommt! Da wird sich's zeigen.

Wagner (etwas freundlicher). Ei, seht doch! Auf die Lori haben Sie Ihr Auge gerichtet? Und ist sie denn geneigt?

Brandes. Oh, die junge gnädige Frau ist ein Engel!

Wagner. Na, sehen Sie, was ich Ihnen gesagt habe! Wann haben Sie ihr denn Ihren Antrag gemacht, und wie hat sie ihn denn aufgenommen?
Brandes. Wer?
Wagner. Nun, die Lori!
Brandes. Oh, sie hat mir Alles versprochen, wenn ich sie nur nicht heiraten will.
Wagner. Wer hat das gethan?
Brandes. Nun, die Lori.
Wagner. Hören Sie, aus Ihnen ist schwer klug zu werden.
Brandes (zufrieden lächelnd). Ja, das glaub' ich.
Wagner. Die Lori hat Ihnen Alles versprochen, wenn Sie sie nicht heiraten?
Brandes (nicht behaglich).
Wagner. Unbegreiflich! Sie wollen sie aber doch heiraten?
Brandes. Wen?
Wagner. Na, die Lori.
Brandes. Ach! — Glauben Sie denn ich bin ein Dummkopf?
Wagner. Ja, was denn? Um Himmelswillen!
Brandes. Das ist ja ein feines Verhältniß, von dem Sie nichts verstehen!
Wagner. Ja, Ihre Feinheiten sind wirklich schwer zu verstehen! Sie sagen doch, Sie wollen heiraten?
Brandes. Ganz sicher.

Wagner. Meine Schwiegertochter, die Lori!
Brandes. Fällt mir ja gar nicht ein!
Wagner. Also, wen denn?
Brandes. Das Fräulein Rosa!
Wagner (fast schreiend). Rosa?
Brandes. Oder Keine!
Wagner (mit sich kämpfend). Und das ist schon in Richtigkeit?
Brandes. Wie ich die Blume sehe, ist Alles in Ordnung.
Wagner. Und da hat — Niemand d'reinzureden?
Brandes. Sobald die Blume da ist, Niemand!
Wagner. Nun — so muß ich Ihnen dann — nicht durch die Blume sagen, daß Sie sich den Gusto vergehen lassen mögen.
Brandes. Ah bah! Was wissen denn Sie davon?
Wagner (dessen Erregung wächst). Die Speculation geben Sie auf, denn darein werde ich nie willigen!
Brandes. Sie müssen doch erst warten, bis Sie überhaupt gefragt werden!
Wagner. Seien Sie nicht vorlaut, junger Herr! Ich bin — der Vormund von Fräulein Rosa!
Brandes (lachend). Na, da werd' ich Sie schön plagen mit der Vormundschafts=Rechnung.

Wagner. Sie werden da nie etwas zu reden haben, denn ich verbiete diese Heirat stricte!

Brandes. Machen Sie sich nicht lächerlich! Sie haben gar nichts zu verbieten!

Wagner. Respect, junger Bursche! Wissen Sie, was Sie mir schuldig sind? Ich werde Sie lehren mit Achtung sprechen!

Brandes. Sie sind ein unmoralischer Mensch, vor dem ich verteufelt wenig Achtung haben kann.

Wagner. Impertinent! Sei Du froh, wenn ich Dich nicht wegen erhobenen Schwachsinns unter Curatel setzen lasse!

Brandes. Glauben Sie, daß diese Grobheit ein Zeichen von Geist ist? Ich will Ihnen beweisen, daß ich klüger bin als Sie. Ich gehe und lasse Ihnen nichts zurück als mein Bedauern. (Will gehen.)

Wagner (außer sich). Dageblieben!

Brandes (ihn messend). Alter schützt vor Thorheit nicht.

Wagner (mit Autorität bis zur Komik). Respect Bursche! Du sprichst mit Deinem Vater.

Brandes. Jetzt schnappt er über!

Wagner. Du bist mein Sohn und bist mir Achtung schuldig! — So jetzt weißt Du es. (Sinkt vor Aufregung in einen Sessel.)

Brandes (kommt mitleidig näher). Soll ich Ihnen vielleicht ein Glas Wasser bringen lassen?

Wagner (macht eine abwehrende Bewegung). Wenn Dir Deine Mutter das Geheimniß Deiner Geburt nicht enthüllt hat, so ehre ihre Gründe schweigend, aber lerne in mir Deinen Vater achten!

Brandes (ihn auf die Schulter klopfend). Sie, lieber Herr! Sehen Sie mich an! (Als ob er mit einem Ohnmächtigen spräche.) Ich bin es, Nicolaus Brandes!

Wagner (langsam aufstehend). Du bist eben so wenig ein Brandes als ich und kannst die Maske jetzt fallen lassen.

Brandes. Was wäre das?

Wagner. Du dankst Dein Dasein meiner einzigen Jugendsünde.

Brandes. Ich bitte Sie, Herr Wagner, kommen Sie zu sich, sonst kann ich nicht bei Ihnen bleiben, Ihr Wahnsinn tritt der Ehre meiner Mutter zu nahe!

Wagner. O, Deine Mutter war ein Engel! Sie kann kein Vorwurf treffen, denn Sie wußte nicht, daß ich schon verheiratet war.

Brandes (tritt zurück und macht eine Pantomime, als ob er ihn für wahnsinnig hielt).

Wagner. Sieh' mich nicht so verwundert an, es ist die Wahrheit was ich sage, ich kann Dir die Beweise liefern. Vergiß die einzige Schwäche Deiner Mutter, indem Du Deinen Vater umarmst! (Will ihn umarmen.)

Brandes (ihn zurückstoßend). Dem Henker sein Vater mögen Sie sein, aber nicht der meine! Wenn das nicht Wahnsinn ist, so ist es die größte Frechheit die jemals da war! — Jetzt hört aller Spaß auf! Jetzt sagen Sie mir ehrlich: Sind Sie wahnsinnig?

Wagner. Nein, lieber Sohn! Ich sprach die Wahrheit!

Brandes. Dann sind Sie ein frecher Lügner! Wahnsinn wäre noch Ihre einzige Entschuldigung gewesen, aber so sage ich Ihnen, trotz Ihres kahlen Scheitels sind Sie ein Unverschämter, den ich züchtigen werde, da er es wagt, die Ehre meiner Mutter noch im Grabe zu verdächtigen und meines Vaters Namen zu beflecken.

Wagner. Ich kann Dich zwar ob Deines Eifers nicht verdammen, so sehr Du mich schmähst, aber Deine Schmähung ist ungerecht! Denn so wahr Du jenen Engel als Deine Mutter ehrst, so gewiß bist Du mein Sohn!

Brandes. Wiederholen Sie das nicht, wenn ich mich nicht vergessen soll! (Mit schmerzlich bebender Stimme.) Und wenn es wäre, so hätte der Mutter Schmach dem Sohne ein Ehrenmann verschweigen müssen! (Aufbrausend.) Und eines Schurken Sohn will ich nicht sein!

Sechste Scene.

Vorige, Kalkstein, dann Eleonora, später Emma zuletzt Eigner und Rosa.

Kalkstein (der rechts vom Garten eingetreten ist, hat die letzte Rede gehört, er ruft laut): Herr Brandes, mäßigen Sie sich, damit Sie sich die Abbitte ersparen.

Wagner. Ah, Du kommst wie gerufen. Ich beschwöre Dich, mache ihm begreiflich, daß ich sein Vater bin.

Kalkstein. Ja, hast Du es ihm denn gesagt? Wir wollten doch —

Wagner. Durch sein unehrerbietiges Benehmen gereizt, habe ich mir die Entdeckung entreißen lassen, daß er mein Sohn ist! Er will es aber durchaus nicht glauben.

Kalkstein. Ja, — da kann ich ihm nicht Unrecht geben.

Wagner. Wie?

Kalkstein. Das ist ja der jüngere Sohn von M. L. Brandes in Riga; unter dem Namen habe ich ihn Dir ja in's Haus gebracht.

Brandes (der in Aufregung nach dem Hinter- und Vordergrunde ging). Nun also! Sie alter —

Wagner. Ach, Faxen! Du hast mir meinen Sohn in's Haus gebracht.

Eleonora (rechts vom Garten, eine Rose an der Brust).

Brandes (sie sehend, schreit): Ah, die Rose, Victoria! (Eilt ihr entgegen. Beide sprechen im Hintergrunde leise miteinander).

Kalkstein (zieht Wagner nach dem Vordergrunde). Das habe ich auch, nur einige Jahre früher, als Du mir den Auftrag gegeben hast. Dein Sohn ist nicht Brandes getauft, sondern Constantin Eigner.

Wagner. Wie? Was? der Eigner? der herrliche junge Mann?

Kalkstein. Ist Dein und Olga Lewoff's Sohn! Mein Ehrenwort zum Pfande.

Wagner (faßt ihn stürmisch mit beiden Händen am Kopfe und küßt ihn). Du Erzbetrüger Du!

Kalkstein (lachend). Ich mußte Dich doch ein wenig strafen dafür, daß Du Dich zwanzig Jahre nicht um Deinen Sohn gekümmert hast.

Wagner. Aber wie —

Kalkstein. Der alte Brandes, der nicht nur Geschäftsmann, sondern auch großer Freund der Künste und Wissenschaften ist, wurde mit mir befreundet, und wir blieben fortwährend in Correspondenz. Als er mir nun kürzlich schrieb, er wünsche, daß sein jüngerer Sohn eine deutsche Hauptstadt besuche, um etwas von seinem eigenthümlichen Wesen zu verlieren, so ergriff ich die Gelegenheit, holte mir den jungen Herrn und brachte ihn Dir, als Deinen Sohn.

Wagner (lächend). Entsetzlicher Verräther an der Freundschaft! Wahrhaftig, Du hätteſt, um mich zu verſöhnen, nicht weniger bieten dürfen, als ſo einen Prachtjungen, wie den Eigner! Apropos! Weiß er es?

Kalkſtein. Er mag wohl etwas ahnen, ſeit Du ihn zum Vertrauten gemacht haſt, aber wiſſen kann er nichts, denn ſeine Mutter hat feſt geſchwiegen.

Emma (rechts vom Garten). Guten Tag, Profeſſor!

Wagner (faßt ſie, und zieht ſie in den Vordergrund). Emma, liebes, gutes, mildverzeihendes Weib! Denke Dir, der Eigner iſt mein Sohn.

Emma (ſchlägt die Hände zuſammen). Auch?

Wagner (mit gedämpfter Stimme). So ſchrei' doch nicht ſo! — Was auch? Er allein! Der Brandes iſt ein Brandes, ſonſt gar nichts.

Emma. Wie iſt denn das möglich?

Wagner. Frag' nur den Profeſſor. Na, nicht wahr, jetzt verzeihſt Du mir?

Emma. Herr Eigner!

Eigner (kommt vor). Sie befehlen?

Emma. Komm' an mein Herz, mein Sohn! (breitet die Arme aus), wenn ich auch nicht Deine natürliche Mutter bin. (Umarmt ihn).

Eigner (holt ſchnell Eleonora an der Hand faſſend, vor). Sie haben meines Herzens Wunſch errathen und billigen ihn?

Wagner. Mein Lieblingswunsch. Mein Sohn! (Mit offenen Armen:) Mein lieber Sohn!

Eigner (sieht ihn einen Augenblick an und stürzt dann in seine Arme). Mein Vater!

Wagner. Ja, aber Dein natürlicher Vater! (Legt Emma in seine Arme; zu Kalkstein und Eleonora:) Ich weiß nicht, hab' ich größere Freude, daß ich den habe, oder daß ich das Schäfchen dort los bin.

Emma. Pst! Vergiß nicht, daß das Schäfchen ein Symbol Dessen ist, der sagte: Selig sind die Armen am Geiste! — Er ist ein braver junger Mann.

Brandes (der indessen im Hintergrunde sich mit Rosa einigte, kommt vor). Jetzt möchte ich aber wissen —

Wagner. Ach, eben recht! Eine Abkühlung! Mein werther Herr! ich habe Sie wegen eines groben Mißverständnisses sehr um Verzeihung zu bitten. Reichen Sie mir Ihre Hand, und nehmen Sie die Versicherung meiner unbegrenzten Verehrung für Ihre, in Gott ruhende treffliche Mutter, die ich zu kennen gar nicht die Ehre hatte, der aber meine Hochachtung noch über's Grab folgt.

Brandes. Dann erklären Sie mir vorerst, wie Sie sich unter —

Rosa (tritt ihm nahe und hält das Tuch an den Mund).

Brandes (stockt und sagt nach kleiner Pause kleinlaut: halten haben!

Kalkstein (sich die Hände reibend). Zum Erklären haben wir Zeit. Jetzt denke ich, wollen wir das Soupé nicht kalt werden lassen.

Wagner. Nun, liebe Emma, jetzt ist Alles gut, und jetzt verzeihst Du doch?

Emma. Wenn Du es ernstlich bereust, so soll vergeben sein. Aber —

Kalkstein (zwischen Sie tretend und Emma's Hand in die Wagner's legend). Er wird's gewiß nicht wieder thun.

(Der Vorhang fällt.)

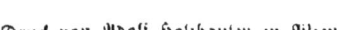

Druck von Adolf Holzhausen in Wien.